ジェンダーの考え方

権力とポジショナリティから
考える入門書

池田 緑

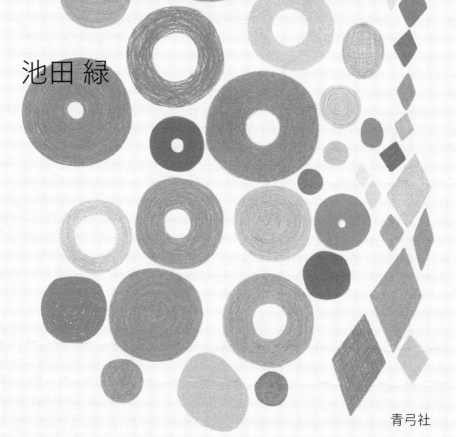

青弓社

ジェンダーの考え方——権力とポジショナリティから考える入門書
目次——————————————————————————————————

はじめに——ジェンダー論に向き合うこと……7

第1章
ジェンダーを考えること：1
——ジェンダー論の前提

1 ジェンダー論と生活経験……16

2 ジェンダー論の前提になる諸概念……18

3 「女性問題」という問題……26

> **解説1** 構築主義とネイション……32
>
> **解説2** ミソジニー……34
>
> 第1章をより理解するためのブックガイド……36

第2章
ジェンダーを考えること：2
——ジェンダーのポリティクス

1 ジェンダーをめぐる駆け引き……40

2 脱−自然化……44

3 ジェンダーカテゴリーと規範権力……48

4 性差別をめぐる事実判断と価値判断……51

第2章をより理解するためのブックガイド……53

第3章
制度か心か
——フェミニズムが問題にしてきたもの

1 フェミニズムとジェンダー論……56

2 リベラルな視点による制度への問題提起……57

3 第2波フェミニズム：1——私的領域への注目……62

4 第2波フェミニズム：2——性支配……64

5 第2波フェミニズム：3——労働への注目……69

> **解説3** リベラリズム……78
>
> **解説4** 良妻賢母……79
>
> **解説5** 戦争、そしてボーヴォワールとフーコーの影響……80
>
> 第3章をより理解するためのブックガイド……82

第4章
差別／区別と自然化

1 差別の順序……84

2 徹底した差別、すなわち区別……87

3 区別論の効果……91

4 自然化と自然の構築……94

> **解説6** 先史時代の性別役割分業……96
>
> **解説7** ジェンダーと"最新の科学"……98
>
> 第4章をより理解するためのブックガイド……100

第5章
男もつらいよ？
——男たちの欺瞞のポリティクス

1 責任転嫁と「加害者の被害者化」……104

2 ポジショナリティと男性の利益……107

3 男もつらいよ？……114

4 男性内の配分の問題（複数性の問題）……117

> **解説8** 相殺法……123
>
> 第5章をより理解するためのブックガイド……124

第6章────

ジェンダーと社会的結合

1 男性たちの社会的結合 ⋯⋯ 128

2 異性愛での社会的結合 ⋯⋯ 132

3 近代家族の社会的機能 ⋯⋯ 137

4 制度ということの意味 ⋯⋯ 141

> **解説9** 母性 ⋯⋯ 142
>
> **解説10** 晩婚化・非婚化・少子化は女性の責任？ ⋯⋯ 143
>
> **解説11** イエとカイシャ ⋯⋯ 150
>
> 第6章をより理解するためのブックガイド ⋯⋯ 154

第7章────

ジェンダーと権力作用

1 交換という社会的結合 ⋯⋯ 158

2 代理行為と模倣 ⋯⋯ 161

3 強制された共犯性 ⋯⋯ 165

4 ポストコロニアルなジェンダー権力 ⋯⋯ 171

> **解説12** 学習性無力感（learned helplessness） ⋯⋯ 176
>
> 第7章をより理解するためのブックガイド ⋯⋯ 177

文献表 ⋯⋯ 179

おわりに──みる前に跳べ ⋯⋯ 185

装画──鎌田光代
装丁・本文デザイン──ヤマダデザイン室

はじめに——ジェンダー論に向き合うこと

本書の目的

本書は、**ジェンダーを通じてこの社会の権力と支配のありようについて学びたい人**に向けたジェンダーの入門書である。ジェンダー論は領域横断的な学問であり、これまでにも豊富な議論を蓄積してきた。ジェンダーは非常に多くの学問と関わりがある。本書がベースにする社会学はもちろん、法学から政治学、哲学、倫理学、心理学、経済学、文学批評、歴史学、地理学、生物学、そして自然科学にいたるまで、多くの学問領域でジェンダーは論じられている。また外国語はもとより、日本語で書かれたものでもジェンダーの優れた入門書はすでに多く存在する。そのような状況のなかで、わざわざ新たにジェンダー論の入門書を出版する意義はどこにあるのだろうか。

冒頭で強調したように、本書はジェンダー論そのものを包括的に紹介するのではなく、ジェンダーに現れる権力作用やジェンダーを通じた権力や支配のありようについて考えるきっかけを提供する目的で書いたものである。そのため、ジェンダーが問題になる領域（たとえば家族や労働など）を章ごとに順に並べて紹介するという一般的な形式は採っていない。本書で集中的に考えるのは、ジェンダーに含まれる、あるいはジェンダーとともに現れる権力作用についてである。なぜ権力作用を中心に論じるのか。それは、ジェンダーが関わるあらゆる領域に不平等や差別などの権力作用が存在し、さらにそれを通じてジェンダーが再び強化されるという循環的な関係が存在するからである。同時に、ジェンダーが関わる不平等や差別はさまざまな文脈にあるが、それらの権力関係や支配関係の存在の仕方はよく似ている。権力と支配の方法、言い換えれば権力作用の現れ方に意識的になることによって、ジェンダーに関わる普段は気がつきにくい権力関係や差別を認識し、問題化することが可能になる。

本書では、ジェンダーの権力作用を考えることを通じて、ジェンダー論の基本的な視点や方法だけではなく、さまざまなジェンダーの問題を考えると

きに備えておくべき態度や視点を紹介する。ジェンダー論の対象は広く、専門的な議論が多くなされている本書を通じて得たジェンダー論の特徴や知識、ジェンダー論を理解する態度や視点は、より専門的な領域や議論にふれたとき、大いに理解を促進させるだろう。

本書の焦点

　したがって本書は、ジェンダー論の論点を総合的に紹介する一般的なテキストとは異なる構成になっている。本書で集中的に考えるのはつぎの2点である。

　1つ目は規範の権力である。規範とは、社会において望ましいものとして、人々が従うことを当たり前だと感じている価値観や規準のことである。それに違反すると、ときに社会的な制裁を受けることもありうるようなものである。ジェンダーと呼ばれるものの多くは規範という形態で存在している。「女らしさ／男らしさ」として語られ、そのような規準に合わせて行動することを期待されるジェンダーは、規範の典型である。

　権力とは何かという問いも、それだけで一冊の書籍が書けるほどのテーマであるが、ここでいう権力とは、力（power）のことである。外部からはたらきかけることで、対象の状態を変化させるような力のことだと理解してもらえばいい。たとえば電灯が光るのは、光っていない状態の電球に電気を通すことによって"光る"という状態に変わるからである。したがって当初の状態を変えるもの（作用する力）は"電力"と呼ばれる。一方、相手を恫喝や脅しで従わせること（従うという状態に変えること）はもちろん権力作用によるものだが、本書で問題にする権力とはそのようなものだけではない。ときには、権力を受ける側がそれを権力だと認識していないような場合、あるいは、自ら進んで従うような場合であってもそこに権力は存在している。そのような形態の権力も本書の検討対象である。規範が介在することで、人々は性別ごとに特定の状態に変化させられたり、留め置かれたりする。本書で中心的に論じるそうした規範はジェンダーであり、ジェンダー規範がどのような作用を人々に及ぼし、特定の状態を作り出しているのかを考えたい。

　2つ目の中心的なテーマは、ジェンダーをめぐって存在する欺瞞の論理を

（1）　そもそも、権力を表現する英語はpower（仏：pouvoir, 独：macht）である。

解き明かすことである。これは権力作用の存在の仕方と運用方法について考えるものである。ジェンダーを強調し、ジェンダーに従うように説く言説は、欺瞞の塊である。そうした欺瞞を含む言葉は、性差別をごまかすため（男性→女性）、あるいは男性が自身の権力性から目をそらすため（男性→自らを含む男性たち）、ときには女性自身が自らの尊厳を防衛するため（女性→自らを含む女性たち）など、さまざまな文脈に存在する。そうした言葉は多くの場合、正しいこと、当たり前のことと信じられて繰り返される。

　たとえば、「女性もほかの女性を差別することがある」（だから女性差別を批判する資格はない）。「女性にも成功している人はいる」（だから女性差別を訴えるのは、自らの努力不足を差別に転嫁する怠惰な態度だ）。「男性にも女性差別に心を痛めている人がいるのだから、男をまとめて批判することはおかしい」（だからおれを責めるのは間違っている）。「女性が家事や育児をするのは自然の摂理である」（だから無償で男に尽くせ）。「男も「男らしさの鎧」の重圧に耐えていて大変なのだ」（だからあまり差別していると男を責めるな）。など……。

　これらのもの言いはきわめて頻繁にみられるものだが、すべて欺瞞である。前提としている事実が間違っているか、ロジックがすり替えられていて、的外れなのである。しかしこれらのすり替えやごまかしが、言説を流通させる力に性別によって差がある不均等な条件下では、あたかも真実であるかのように説得力をもって流通することがある。そのように、一見すると説得力があるように思えてしまう条件や効果がどのようなものであるのかについても考えていきたい。具体的には、男性による女性への支配の方法・手法、支配の作用のメカニズムを考える。

ジェンダー論を学ぶ意義

　そのように、ジェンダーの権力作用に焦点化して議論する意義はどこにあるだろうか。ジェンダー論の登場に先立ち、フェミニズム、女性学など数々の議論が蓄積されていた。それらは女性の権利拡大、女性解放を目指す地道な取り組みの過程で編み出されたものである。ジェンダー論の多くはこの系

（２）　言説とは一定の文脈に沿った言葉のまとまりや表現のこと。たとえば女性を蔑視したもの言いは「女性蔑視的言説」と表現される。

譜の延長上に位置していて、女性の権利拡大や解放の論理でもある。つまり、ジェンダー論は第一義的には、女性のための思想である。これは、本書を手に取った女性のみなさんに、最も重要なこととして理解してほしい点である。

　では男性に無関係なものかといえばそんなことはない。男性もまた性別による役割にとらわれていて、ジェンダー論にふれることでそこから解放される可能性がある。そしてそれ以上に重要なのは、男性が女性に対しておこなっている支配——その多くは男女双方に支配とは認識されていない——を男性自身が知ることである。ジェンダー論の最も重要な意義は女性の解放だが、ジェンダー論の最も重要な当事者は男性である。男性こそが、解放の必要が論じられるような抑圧を実践している張本人だからである。ジェンダー論とは、男性が女性に対しておこなっている差別や抑圧の論理とその実態を、さまざまな手法で明らかにするものでもある。

　男性たちが、自分たちが何をおこない、何をおこなっていないかをジェンダー論を通じて知ることができる。事実を知れば、その状態を放置するのか、改善するのか、あるいは差別や支配を利用してさらに利益を得ようとするのかと、自分自身の態度について悩むこともあるだろう。ジェンダー論自体は、何らかの政治的な言説でもイデオロギーでもない。ジェンダー論は領域横断的な科学であり、ジェンダー論が明らかにするものは、社会に存在している事実だけである。しかしジェンダー論が示す事実が人々に突き付けるのは、そのような事実を前に、個々人がどのような態度をとるのかという問題である。このことは男性だけではなく、女性にとっても同様である。自らに向けられた抑圧や差別に対して、それをスルーするのか、抵抗するのか、受け入れるのかという判断をしなければならない。ジェンダー論は、あくまでも科学として事実を提示するものなので、基本的には個々人の選択に対して影響を与えるものではない。選択は事実から独立している。ジェンダー論は、その選択をよりよくおこなうための情報を提供するだけである。ジェンダー論を通じて事実を知ったうえで、どのような選択をするかは、最終的には人々の意志によって決まる問題である。

　さらに、差別をやめるという判断をする男性、差別と闘うという判断をする女性に対して、ジェンダー論はそうした選択をよりよく実行・実践するためのより多くの豊かな知見を提供できるだろう。一方で、そんな面倒くさい

話はごめんだという人も、もちろんいるだろう。しかしそのような人もまた、ジェンダーをスルーする、ジェンダー問題から逃げる、という選択をおこなってしまっている。自身の選択に対して、なぜそのような選択をおこなったのかについて、異なる選択をした人々から問われたとき、それに応答する責任は発生している。どう選択するかは自由であるものの、選択についての問いかけに対して答えるという水準での応答の責任から逃れることはできない。

　それでもなお、逃れようとする人もいるだろう。そのような逃げに対して、食い下がり、爪痕を残すということにおいて、ジェンダー論はことさら執拗である。ジェンダー論のインパクトは、たとえ無視して知らないふりをしようとしても、喉の奥に刺さった魚の小骨のように不快で、何かのたびに思い出し、そのたびに気になって仕方がないものとして残るだろう。それは、ジェンダー論が提示する事実が、欺瞞を白日のもとにさらし、大きな衝撃を与えるものだからである。この衝撃から逃れようとすると、ジェンダーの問題と向き合うほかはなくなるのである。

　うっかりとこの本を手に取ってしまった人は、運が悪かったと諦めてもらうしかない。残念ながら、あなたは、もはやジェンダー論から完全には逃れることはできないのである。私たちは、すでに知ってしまったことを知らなかったことにはできない。そして知ってしまったという経験は、爪痕になっていつまでも付きまとう。この付きまといのしつこさという点でも、ジェンダー論は群を抜いてやっかいである。以上はすべて、私自身の経験に基づく感想である。

　とはいえ、それは何もジェンダー論に限ったことではない。世に多く存在する権力関係、とくに差別や抑圧と呼ばれるような関係性には、多かれ少なかれ同様の特徴がある。ジェンダーは性差に関わる問題で、すべての人にとって身近な問題であるだけに情報量も多いため、リアリティを感じやすいなどの程度の相違にすぎない。同時にジェンダーは、支配や抑圧のロジックの博物館といってもいいほど、さまざまな権力関係の契機が存在している領域でもある。ジェンダー論を学んで、とくにその権力作用についての理解が深まれば、世の中に存在するほかの多くの権力関係についても、類推的な洞察が可能になるだろう。もちろんその他多くの権力関係にもジェンダーは関わっている。しかしここでいっているのは、それだけではなく、直接にはジェ

ンダーが絡まないような権力作用を理解する際にも、ジェンダー論の知見は役立つということである。このことは、ジェンダー論を学ぶもう一つの意義といってもいい。

本書の構成

　本書では、はじめにジェンダー論の基本的な視点について整理する（第1章「ジェンダーを考えること：1──ジェンダー論の前提」から第4章「差別／区別と自然化」まで）。これらの章では、ジェンダー論のいわば急所について扱う。つまり、ジェンダーを学ぶときに、ジェンダー論の議論を頭では理解できても、日常的な体験からなかなか気持ちでは納得できない感覚がある部分、ジェンダーと性別役割分業を人々に受け入れさせるために頻繁に用いられるごまかしのロジックなど、ジェンダー論を学ぶときにつまずきやすい箇所、とまどいがちな論理などについて、これまでに蓄積されたジェンダー論の知見に即して紹介する。

　つぎに第5章「男もつらいよ？──男たちの欺瞞のポリティクス」以降では、男性、あるいは男性中心主義的な社会が女性に対して行使している権力の作用について、男性による言説のごまかしの効果とポジショナリティ、ホモソーシャリティと恋愛・婚姻・家族などの制度、非制度的領域での権力の形成、という視点から検討する。

本書の使い方

　本書は、ジェンダーの権力作用を示すことを通じて、ジェンダー論の視点や態度を紹介する入門書である。そのため、研究成果をまとめた研究書とは異なり、私自身の見解や議論などは最小限にとどめている。本書の内容のほとんどは、これまで長い時間をかけて議論されて形作られた「ジェンダー論の常識」である。一方で、ジェンダー分野の裾野は広く、それぞれの領域での現実に根ざした切実な問題意識から議論が発展してきたため、個別的・具体的な文脈に沿ったものも少なくない。ジェンダー論の初学者は、膨大な議論の山を前に、どこから手をつければいいのか途方に暮れることもあるだろう。入門書はそのような人のためにある。入門書では、膨大な研究の蓄積から何を選別し、どのような文脈で、どのような順番で紹介するかが重要になる。既存のジェンダー論の入門書や教科書的な書籍もそれぞれこの点に工夫

12

を凝らして書いてある。繰り返しになるが、本書の場合は、ジェンダー領域での権力作用のあり方と現れ方という中心の軸があり、それに沿ってジェンダー論の知見を紹介していく。

なお、ここで付記しておきたいのは、本書での議論には異性愛関係を前提にした権力関係の分析事例が多いことである。本書は異性愛以外のセクシュアリティのありようを軽視しているわけではない。むしろジェンダーと権力作用という主題にとって、LGBTQ＋をはじめとした性のカテゴリー化をめぐる諸問題は重要な検討領域である。しかし、ジェンダーの権力作用という点について考えると、これらの領域は情報量が多く、いわば中級篇といえる分野なのである。その権力作用を理解するために必要な知識や論理が多様であるため、参照する議論も高度なものが多く、入門書のなかで扱うにはやや難しい。そのため、本書では本格的にこの領域の権力作用を検討することは困難である。同様の理由から、ジェンダーと密接に関連する問題であるセクシュアリティに関する諸論点も、最小限の記述にとどめている。本書を通じて権力作用を理解したうえで、ぜひそれぞれの専門的な書籍を読んで学んでもらいたい。

本書は初学者を読者に想定しているため、各章の記述では権力作用の全体像を理解しやすいように細かな議論や専門的な用語の使用は避けた部分もある。ジェンダー論の理解に欠かせない用語や話題、概念や論点についても、記述の流れを途切れさせるようなものはしばしば省略している。そのような場合、各章で解説を入れたので、あわせて参照してもらいたい。また本書は社会学的視点を基本に書いているが、社会学以外の議論もいくつか紹介している。さらに社会学についての専門知識がなくても理解できるように、専門用語は注などで補足している。

また、本書の内容を手がかりにさらに深く学びたい人のために、各章末にブックガイドを付したので活用してもらいたい。

第1章

ジェンダーを考えること：1

——ジェンダー論の前提

本書では、ジェンダーを考える際に重要と思われる権力作用について、これからいくつかの論点に分けて考えていく。本章では、その議論を始める前に、ジェンダーという用語の意味や枠組みについて簡単に説明する。さらに、直接的にはジェンダーの論点とはいえないが、本書を読み進めるうえで前提として知っておいたほうがいい諸概念について、簡単に解説したい。

　これから紹介する諸概念を前もって知っておくことによって、ジェンダー論の議論そのものが、どのような社会的な文脈においておこなわれてきたのかを、より理解することが可能になる。さらに、一見すると中立的におこなわれているように思われる議論の枠組み自体にも、すでにジェンダーをめぐる権力作用が潜んでいることがわかるだろう。

1 ジェンダー論と生活経験

　ジェンダー論では、性別を表す概念が2つある。1つは、生物学的（解剖学的）性差であるセックス。もう1つは、社会的・文化的性差を意味するジェンダーである。セックスは、おぎゃーと生まれたときに（あるいは出生前診断時に）、医師が「この子は女の子ですよ／男の子ですよ」と告げる性別のことである。それに対してジェンダーは、女／男らしい振る舞いや考え方など、性別に付随して社会的・文化的に付与される行為規範である。

　ジェンダーの定義にはさまざまなものがあるのだが、たとえばジョーン・スコットは「肉体的差異に意味を付与する知」と簡明に定義している（Scott, 1988=2022: 30）。またR・W・コンネルは「性と生殖の舞台をめぐって構築される社会関係の構造であり、諸身体間の生殖上の区別を社会過程に関連づける（この構造に制御された）一連の実践」と定義する（Connell, 2002=2008: 22）。いずれも、生物学的性差であるセックス（これらの定義の文脈からそれは生殖と深く関連した区分であることが推測できる）に対して、社会的・文化的な意味づけをおこなう知識や実践のことを指している。

　本書でも、セックスとジェンダーという2つの性別区分を使い分けて考えていくのだが、実はこの2つの区分は思ったよりも流動的だということが近年のジェンダー論の一つのテーマになっている。本書は入門書であるためこの議論には踏み込まないが、ジェンダー論をより深く学ぶ段階では、この2

第1章　ジェンダーを考えること：1

1

つの区分をより相対的・流動的なものとして理解する必要があることを、頭の隅においておくといいだろう。もっとも本書では、ジェンダーを社会的・文化的性差規範と理解して読み進めてかまわない。

　社会的・文化的性差と聞けば、そのようなものが存在することは経験的に理解しやすいだろう。女／男らしい言葉づかいや服装などは、誰もが思い浮かべるものだろう。ただ、言葉づかいや服装はジェンダーを形成する一要素であるものの、個人の意識的な選択によって変更可能なものでもある。性別を感じさせない話し方や、ユニセックスな服装にするなどは、明日からでも取り入れることができる。しかし問題は、この社会的・文化的性差が示すものの範囲である。現在のジェンダー論が問題にしているのは、このような個人の意思によってある程度変更可能な性差だけではない。むしろ、生まれながらに遺伝子か何かに組み込まれているとされ、自然なものとして感じてきた事柄こそ、ジェンダーの中核部分であるというのだ。それは具体的には、出産と授乳を除くすべての行為や感情、情動のことである。これらの領域を社会的・文化的と解釈するのは、一般的な生活経験の感覚とは異なるかもしれない。生活経験とのこのギャップがジェンダー論をとっつきにくいと感じさせる一因にもなっている。

　しかし、どれほどとっつきにくくとも、なぜこのような議論が蓄積されてきたのかを知ることは重要である。なぜなら「とっつきにくい」と感じさせるような私たちの生活経験やその解釈の枠組みのほうこそが、社会的・文化的なものであることが、ジェンダー論を学ぶことで明らかになるからだ。社

──────────

（1）　典型的な議論のなかではジュディス・バトラーによるものが有名である。バトラーは『ジェンダー・トラブル』で「セックスの自然な事実のように見えているものは、じつはそれとはべつの政治的、社会的な利害に寄与するために、さまざまな科学的言説によって言説上、作り上げられたものにすぎないのではないか。（略）「セックス」と呼ばれるこの構築物こそ、ジェンダーと同様に、社会的に構築されたものである。（略）そしてその結果として、セックスとジェンダーの区別は、結局、区別などではないことになる。（略）ジェンダーは、それによってセックスそのものが確立されていく生産装置のことである」と論じて、セックスとジェンダーの双方が相互に構築されていくとした（Butler, 1990＝1999: 28-29）。このバトラーによる問題提起はその後のジェンダー論に大きな影響を与え、この論点をめぐる議論は多く存在する。『ジェンダー・トラブル』は入手も容易なので、関心がある人はこの議論を学ぶとジェンダーに対する認識が一変すると思う。

17

会学者チャールズ・ライト・ミルズは、大きな社会的構造や変化と、人々の日々の生活での経験のありようの双方を往復しつつ検討して社会を把握する必要を説き、それを社会学的想像力と名付けた（Mills, 1959=2017）。この社会学的想像力は、ジェンダーを理解する際にも重要である。性差についての私たちの生活経験がなぜそのようなものであるのかを、社会の構造との関係性のなかで理解することが重要だ。そして論理的に検討した結論と生活経験にギャップがあるならば、なぜそのようなギャップが存在するのか、その理由を社会構造との関連で理解することが肝要なのだ。

2 ジェンダー論の前提になる諸概念

　話を進める前に、ジェンダー論を理解するために必要な4つの知識を簡単に説明しておきたい。これらはジェンダー論というよりも社会学の基礎知識なのだが、議論に頻繁に登場するので前もって説明しておきたい。これらの用語について知識がある人は読み飛ばしてもかまわない。また、あくまでも本書を読みやすくするための説明なので、それぞれの用語のより専門的な解説は、社会学の専門書を読んでもらいたい。

近代社会

　近代という言葉を聞いたことがない人はいないだろうが、本書にとって注意が必要なのは、近代という言葉が指し示す時制には、現在も含まれるということである。この意味で近代は、現在完了形的な概念といえる。本書での近代という概念は、時代区分ではなく、社会のありようを表現する言葉である。社会学では、社会のありように注目して考える。そして、一般に絶対君主制や封建制の社会と区別して、人々が合議によって社会のありようを決める市民革命以降の社会のあり方を近代社会と呼ぶ。たとえ独裁制であっても、その支配の成立の根拠が人々の意志決定にあるのであれば、それは近代社会である。すなわち、現在のほとんどの社会は近代社会といえる。

国民国家（Nation-State）と性別役割分業

　そのような近代社会を最も特徴づけているのは、国民国家である。国民国

家とは、ネイションによって一つの地理的な範囲（ステイト＝領土・領域）が統治されている状態をいう。ネイションとは人々の集合体のことである。「日本人」や「フランス人」などとわれわれが一般に呼ぶものがそれにあたる。ネイションの概念には2つの含意がある。1つ目は属する人々によってさまざまなルールや制度が共有されているということで、これは一般に公的領域と呼ばれる。言語や法律、政治や経済システムなどがその典型である。そのような公的領域を共有しているネイションの側面は「国民」という訳語で表現される。2つ目に、ネイションを構成する人々は文化や価値観を共有することで統一感を分かち合っている。このような内面に関わる領域は一般に私的領域と呼ばれる。ネイションのそのような共有の側面は「民族」という訳語で表現されることが多い。

　ジェンダーに関わる国民国家の問題では、女性への教育、社会進出、政治進出、軍事参加などは公的領域の問題となる。一方で、家庭内の役割や家族のありようなどは私的領域に関わる問題となる。ジェンダー論では、公的領域と私的領域とをきれいに分けること自体に対する批判もあるのだが、最初はそのように理解して読み進めてかまわない。

　ジェンダー論と国民国家とのより大きな関わりは、リプロダクション[2]に関するものである。ネイション単位の国民国家が相次いで成立した近代では、近世までの神と教会、王権神授説[3]によってお墨付きを得た国王や貴族を中心とする世界観が変化し、人間を中心にした、人々の集団＝ネイションが世界

（2）　リプロダクション（reproduction）とは、世代を超えて何かが繰り返し現れることを表現する言葉であり、再生産とも訳される。同じ所得差、価値観などが世代を超えて繰り返される場合、階層の再生産、価値観の再生産などと表現される。ただしジェンダー論の文脈では、次代の再生産（妊娠と出産）に限定した使い方がされることが多く、本書でもこれ以後とくに説明や注釈なしにリプロダクションと表記する場合は、次（世）代再生産のことを指す。

（3）　王権神授説とは、王や貴族がその領地を治める究極の根拠は神の意志にあるとする考え方で、具体的には神の代理人である教会が王や貴族に統治の正当性を与えることで成立していた。この考え方の基本には、この世界は神が創り、神を中心に秩序が存在しているという世界観があった。教会は宗教的権威であるというだけでなく世俗的な権力機構だったことも背景にある。近代の市民社会の成立を前に、トマス・ホッブズやジョン・ロックらによって批判され、やがてジャン・ジャック・ルソーが提唱する社会契約という新たな秩序感覚に取って代わられることになる。

の主役に躍り出ることになった。それぞれの集団（ネイション）は教会や国王から指示を受けない相互に独立した存在になり（政教分離と国民主権）、同時にネイション単位で社会の発展を競い始めた。国民国家はほかの国民国家から独立すると同時に、それぞれの権利を守り発展していくために切磋琢磨することになる。そのためには他国の侵略を許さない軍事力とそれを支える産業の発展が必要になる。

　近代社会の諸システムは、基本的にはこの国民国家の発展という大目標のために配置された。官僚制度、教育、市場、生産システム、そのほかにも多くの制度やシステムや思想は、国民国家の発展という目標にとって最も効率がいいものとして発展してきた。近代の大きな特徴である分業というあり方もその一つである。なかでも、最も基本的な分業の一つが性別役割分業と呼ばれるものである。これは、男は外（社会＝公的領域）、女は内（家庭＝私的領域）と、性別によって主な活動領域を区分する分業である。

　この分業の背景には、リプロダクションが存在している。国民国家が発展するためには、安定的な人口増加が必要である。安定的な人口増加がなければ、強力な軍事力（兵力）とそれを支える産業（労働力）の発展が見込めないからである。人口減少は国民国家にとって、最も危惧すべき事態の一つだ。軍事力と産業力の維持が困難になり、他国との競争に負ける可能性が高まるからである。一方で急激な人口増加も人口爆発を呼び、最悪の場合には飢餓に直結する。したがって、安定的な人口増加を人為的に維持する人口政策が重要になる。こうした観点から、女性は社会のなかでリプロダクションと結び付けられる存在であり続けてきた。女性の存在様態や生活はリプロダクションと育児を基軸にしたものとして再編され、これらが女性のありようを考えるうえで最も価値があるものとして論じられるようになったと思われる。

　同時に性別役割分業の深化によって、女性には家庭での維持労働[4]が割り振られる。これは女性の生活をリプロダクションを中心とするものにした近代社会の帰結である。さらに、男性が家の外（公的領域）で経済的労働に携わり、女性が家内（私的領域）で維持労働を中心的に担ってきたのには、男性

────────────

（4）　維持労働（maintenance labor/work）とは、労働市場に供給され対価として賃金が支払われる労働ではなく、日々の生活を維持するための労働のことを指す。その典型は家事や育児である。

20

を妊娠や出産で中断されることがない安定的な労働力とみなす視点も関係してきただろう。後述のように、このような視点自体が欺瞞に満ちたものなのだが、リプロダクション重視の女性の位置づけと、国民国家の競争関係のなかでの産業力発展の効率性という見方のため、性別による分業は近代社会では一見合理的なものとして受け取られてきたといえる。

本質主義と構築主義

　性別役割分業は、近代社会での国民国家の競合状態という条件のために生まれたものである。女性が出産や育児、家事に携わってきたのは、近代社会という社会のありようの帰結（＝役割分業）にすぎない。この役割分業は性による不平等を含んでいる。役割を振られていることは同じでも、その役割を引き受けた結果もたらされる経済的・社会的資源分配に差が生じるからである。その差は世代を超えて蓄積され、あたかも最初から存在していたかのような差になっている。そのような事態を一般に差別と表現する。性差の不平等が性差別、男女差別、女性差別などの言葉で表現されるゆえんである。

　普通、このような不平等が存在するならば、その「損な役割」を押し付けられた人々は文句を言うなり、役割を降りようとするだろう。一方「得な役割」にある人々は、何とかその役割を維持しようとするだろう。その際に人々が多用するのが本質主義的言説と呼ばれるものである。本質主義について、ここでは、物や人には何らかの生得的・先天的な本質が存在していて、それは不変のものであるという発想によって紡ぎ出される言葉や考えの集積と理解すればいい。この発想は、究極には形質還元主義だといえる。それは、ある人が現在のような存在であるのは、突き詰めれば、DNAの塩基配列という身体の形質によって決定づけられているという考え方である。ジェンダーで問題になる「女らしさ／男らしさ」などの「らしさ」という発想の底には、このような本質を想定する視点がある。別の言い方をすれば、本質主義とは運命論でもある。どのような形質的条件に生まれたかによって、その人の性質や価値が決まっているという発想だ。血統や血筋に何らかの崇高さや穢れを感じるという感性などは、典型的な本質主義に基づくものである。

　このような本質主義的感性は、性差に関わる領域でも頻繁にみられる。女性は生まれつき優しさや包容力がある、男性には狩猟本能がある、女性には

母性本能がある、などである。しかしこれらの言説が、奇妙にも近代の性別役割分業と対応していることに注意が必要である。女性の優しさや包容力は家事などの維持労働と、男性の狩猟本能は公的領域での競争と、母性本能は育児や介護（ケア）と、それぞれ関連づけて語られてきた。性別に基づく本質は、それが不変で自然なものであるとされ、その特性と社会での分業や存在様態が結び付けられる。この結び付きは、分業のなかで「損な役割」を本質的なものとして女性に受け入れさせるためのロジックとして機能してきたのである。

　本質主義的視点が人々に受容されやすいのは、その発想の安易さによる。本質主義とは、極言すれば「そのように決まっている」というものであるため、論理はそこで切断され、それ以上の思考を必要としない。差別や支配を告発する議論に対して、その訴えの対象を本質に基づく既決事項としてバッサリと議論を切り捨てる視点は、多くはその差別や支配によって利益を得ている人々によって唱えられる。それは、差別や支配についての議論そのものを禁止し、差別や支配から得られる利益を維持するための安易な方法である。

　しかし差別や支配を受ける側にも、本質主義的発想はときに受容される。「損な役割」にある人々は自身に向けられた差別や不平等に怒りを覚えるだろう。それは当然の反応である。しかし、怒りや不平等解消へのはたらきかけには多大なエネルギーを必要とする。どれだけ怒りを感じても、不平等が改善されないのではないか、という疑念が頭をよぎると、怒りは激しい消耗に変わる。そのようなとき、本質主義の"安易さ"は誘惑になりうる。不平等だと感じる状態が本質によって決定されているのであれば、それは逃れようがなく、仕方がない状態と認識される。現状には不服でも、そのように決まっているのだと割り切れば、少なくとも消耗といら立ちからは解放される。本質主義の安易さは、このように被抑圧者が差別や抑圧を受け入れるきっかけとして作用することもありうる（これについては第4章であらためて考える）。つまり、本質主義的言説は、ときに被抑圧者をも巻き込んで役割分業を維持する。本質主義的言説は社会のさまざまな場面で、役割分業を維持するためにフル稼働し、それが当たり前のことになっている。

　このようにして、本質主義は人々の感性として一般的なものになる。しかし、本質主義的感性が人々に受け入れられることと、実際に本質なるものが

存在しているか否かは関係がない。これは、人々が天動説を信じていたからといって、それが地球の自転には何ら関係がなかったことと同じである。本質なるものが存在していなくても、それが存在しているかのように人々が信じていることによって、社会の仕組みや関係が成り立ってきた可能性がある。この点をあらためて問い直したのが、構築主義的視点である。

構築主義とは、人々が自明で自然だと思っている事柄が、近代社会が発展する過程で社会的に構築された（作り上げられた）ものなのではないかと考える視点である。構築主義が問題にするのは、誰もが「作られた」と考えているような事柄についてだけではない。最初から存在した、先天的に備わっている、などという概念そのものが、実際には社会的に作られたものではないか、と疑うものでもある。そしてジェンダー論では、構築主義は最も基本的な視座である。ジェンダーは長らく、所与のものであり、先天的に備わっている性質だと思われてきたからである。しかし、よくよく考えてみると、そのように思う根拠がきわめて怪しかったり、ごまかしが存在したりするなど、問題が多く存在していた。このことをジェンダー研究は逐一明らかにしてきたのである。言い換えれば、ジェンダー研究は本質主義の欺瞞を解き明かしていく営みでもあった。

ここで重要なことは、あくまでも認識のうえでの話だが、本質主義という発想が構築主義に先立って存在していたわけではないということである。構築主義的視点が登場してはじめて、本質主義が問題化されたといえる。つまり論理的には、本質主義とは構築主義から逆照射された概念である。それまでは当たり前で自然なことだと思われていた事柄が、構築主義的視点からそれをまなざすときに、本質主義と呼ばれるものだったと理解されるのである。実のところ「私は本質主義者です」などと思っている人はほとんどいない。本質主義者の多くは「私は一般的な普通の人」だと思っている。役割分業は多くの本質主義的言説を生産する。そのため、近代社会は本質主義的な発想や視点に満ちている。それらは常にバージョンを更新しながら社会のあらゆる場面でフル稼働していて、その結果、われわれは本質というものが存在すると考えるようになる。そうした機序（メカニズム）について構築主義は指摘しているのである。

コロニアリズムとポストコロニアリズム

　前提となる知識として最後に紹介するのは、コロニアリズムとポストコロニアリズムである。この2つの用語は本書にそれほど頻繁に登場するわけではないが、本書の基本的視点として言及しておきたい。コロニアリズム（植民地主義）とは、かつて植民地が存在した時代に一般的だった、植民地と植民地人に対する支配のありようを指す。コロニアリズムは、一言でいえば他者を資源化する様式である。他者の資源を奪い、その労働力を買いたたくものである。

　コロニアリズムについて重要な点は2つある。1つ目は、コロニアリズムは必ずしも土地とのみ結び付いた概念ではないという点である。確かに植民地にコロニアリズムは存在した。宗主国は植民地の資源を奪い、植民地人の安価な労働力を使役した。しかし同様の行為は、宗主国内部でもおこなわれてきた。宗主国内部での地域支配も存在し、それは地域間差別として現れる。また、植民地出身者など主流民族以外の人々を周辺労働者として抑圧してきた。それは人種・民族差別として現れる。コロニアリズムは場所によらず、近代の差別・支配の基本的様態だった。また性差別もこの枠組みで考えることが可能である。この場合に収奪の対象になる資源は、女性の労働力（家事や育児などの無償労働力）とリプロダクション能力（次世代を産む能力）である。女性の資源化という視点で考えると、性差関係にもコロニアリズムの枠組みが当てはまる。

　2つ目は、コロニアリズムは基本的に制度的な支配を前提としていたという点である。制度的であるとは、法や社会的制度という公的な制度的格差を前提にし、それによって担保される支配という意味である。かつて植民地が存在していたころ、植民地の関税や制度は宗主国によって、あるいは宗主国の傀儡政権によって制度的に決められていた。また多くの植民地には支配をおこなうため宗主国の軍隊が駐留していたが、その軍隊は当然、兵士たちが勝手に駐留していたわけではなく、宗主国の政府や議会の決定というデュープロセス（法的に適正な手続き過程）を経て駐留していた。つまりこれは、制度的に形成された支配といえる。同様にかつての女性の位置づけも制度的な支配下にあったといえる。戦前の日本では女性に参政権はなく、相続などの面でも男女差があった。これは当時の『六法全書』に記載されていたこと

で、制度的な不平等である。[(5)]

　コロニアリズムが制度的支配を念頭に置くものであるのに対して、ポストコロニアリズムとは非制度的支配・実効的支配を念頭に置くものだ。ポストという接頭辞には、"後"・"脱"などの意味があるが、ポストコロニアリズムを「後－コロニアリズム」「脱－コロニアリズム」と理解するとその含意を取り損ねやすい。ポストコロニアリズムという言葉は「コロニアリズムは終わらない」ということを意味する。具体的には、制度的な支配は終了しても、実効的支配が継続している状況を指す。1960年代までに多くの植民地は独立していて、現在では原則的には植民地は存在しない。しかし、アフリカや中南米などの旧植民地で旧宗主国の支配力をその後も受け続ける地域は多く存在する。そしてそれは制度的な支配ではなく、経済的・文化的支配という形態をとっている。文化的支配の場合、支配が実践される主な領域は、心理的側面、すなわち"こころ"や"あたま"（mind）などの領域になる。旧宗主国に対する文化的劣等感や憧れ、旧植民地内部での分断（その多くは旧宗主国側によるはたらきかけの結果起こったものである）、依存関係や葛藤の強要などの諸要因によって、旧宗主国の影響力は現在も継続している。

　これらの文化的支配（"こころ"や"あたま"の支配）は制度的支配と同時に実践されるものであり、コロニアリズムにも埋め込まれてはいた。しかし制度的支配体制がなくなっても、この「"こころ"の支配体制」はなくなっていない。むしろその影響度が増す場合もある。制度としての支配はなくなったにもかかわらず、実効的な支配が継続する状況が、現代的な植民地主義＝ポストコロニアリズムの特色なのである。[(6)]

　こうした点は性差別に関しても同様である。戦後の日本国憲法で両性の法

（5）　このように考えれば、民主主義というデュープロセスと差別や抑圧は両立することがわかるだろう。特定の集団に対しての差別や抑圧を、民主主義的に適正な手続きを経て決定するという事態はありうるし、実際に存在している。たとえば沖縄への軍事基地の集中や、世界中で先住民が生産性の低い土地に追いやられてきたのも、議会政治による民主主義的手続きを経ていた。民主主義の手続きが適正であることは、差別や抑圧の存在とは関係がないのである。

（6）　コロニアリズムとポストコロニアリズムの相違と含意については、拙著（池田, 2023: 275-278）、と野村（2019: 28-31）をあわせて参照するとより理解が深まるだろう。

の下の平等が規定され、制度的な男女格差は一応はなくなった[7]。しかし、女性の政治進出は主要先進国中最下位という状況が続いており、また男女の賃金格差も男性を100としたとき、女性が70を超えたのは2011年のことである。そうした事態は雇用慣行などの社会的条件に加え、性別役割分業を当然視する価値観（それは女性にもある程度共有されるものだっただろう）、男性に対する劣等感、女性が公的領域に進出することへの抵抗感や恐れなどの諸要件が重なった結果である。とくに男性と同等に働き競合することへの女性の気おくれや遠慮などの感覚や自信の欠如、罪悪感や羞恥心、自尊感情の欠如などもあり（解説2を参照）、これらの格差と不平等は維持されてきた。その結果、自身の能力を試す際に、男性ならば思い悩まないような問題が女性に生じ、女性たちの行動を「控えめ」なものに押しとどめ、男性の優位性を維持してきた。これが実効的支配という現実である。

　現在の性差と不平等は、制度的なものというよりは、このような「"こころ"／"あたま"」の領域に集中している。この点で、ジェンダーと性差別は典型的なポストコロニアルな問題だといえる。

3 ｜ 「女性問題」という問題

女性の有徴化

　これらの予備知識をもとに、いよいよジェンダーの考え方について検討を始めよう。

　ジェンダーについて考える際に最初に起こりうる誤解は、ジェンダーとは女性に関する事柄だとみなすことである。その背景には、男性を人間の標準的な姿、普遍的なありようと考え、「人間である」ということは、文明を発展させ、理性で自然を克服し、社会を作ることであると考える男性中心主義的視点が潜んでいる。ところがこのような人間の営みは、実際のところ男性がほぼ独占して担ってきた。女性は、感情の領域、リプロダクションと結び

（7）　ただし女性の再婚禁止期間（100日間）が2024年3月まで残るなど、制度的不平等がすべて解消されたわけではなかった。

付けられた自然に近い存在、混沌とした自然の豊穣さと関連づけられた存在として、男性から区分されてきた。つまり女性は、性、自然、混沌などの特徴を、人間の普遍性から区分したうえで付与された存在といえる。このような区別化を「有徴化」と表現する。女性が有徴化されることによって、男性はさらに普遍化されることになる。男性が人間を代表するような普遍性を獲得したのは、女性を普遍的な男性とは違う、より自然に近い存在として有徴化してきた結果である。もちろん、実際に文明、理性、社会などに女性が寄与してこなかったといっているのではない。女性たちの寄与があったにもかかわらず、その成果は男性によって代表・簒奪・表象されてきたということである。

つまり、人間の普遍的な側面を語るときには、男性について語ればいいという言説の構造が男性たちによって作られてきた。人間についての一般的・普遍的で代表的な諸側面は男性たちが独占し、そこから分けて論じられる存在は女性だけになる。そして「普遍的な男性」から区分される女性たちには、区分されるための"特徴"がしるし付けられる。それがすなわち性（生殖＝自然への近接性）やさまざまな劣等性などである。そのようにして、女性は有徴化される。性差に基づくジェンダーという枠組みについて考えるときにも、男性には存在していない女性特有の諸特徴について論じることだという認識に陥りやすい。したがって、ジェンダーについて考えることは、何かしら女性とだけ結び付けられた事柄について考えることだという誤解が発生しやすいのである。

このような発想は男性に限ったものではなく、女性にも共有されているだろう。ジェンダーを女性に限定して捉える姿勢は、たとえば、女性であることに不自由さを感じていて、男性と同等かそれ以上に活躍したいと願っている女性にもしばしばみられる傾向である。ジェンダー論を学ぶことに対して、「私はジェンダーなどではなく、経済学や政治学など一般的なものを学びたい」という反応を示す女子学生がときどきいる。彼女らは、ジェンダー規範を内面化しているからジェンダー論の女性解放的側面を嫌っている、というわけではない。むしろ、男性と同等かそれ以上に社会で活躍する目標を

（8）　有徴化は、マイノリティに対してマジョリティが一般的に用いる差別化戦略でもある。

もち、そのための準備を大学でおこなおうと考えている学生たちである。しかしジェンダーについて学ぶことは、彼女たちに何かしらそのような自分自身の決意を鈍らせ、逆行することと感じさせる可能性がある。このような場合、ジェンダーを女性だけに関することと理解してしまっているため、ジェンダーの話を、自分自身を女性の不自由さに縛り付ける鎖であるかのように感じ、忌避感を覚えている可能性がある。

　ジェンダー論とは、第一に女性解放のための理論である。彼女らが感じているような、女性の限界を突き付け、女性という存在に彼女らを縛り付け、女性の無力感を増幅させるための議論ではない。現状を冷静に分析し、女性解放のために必要な条件を探るものである。しかし、ジェンダーを女性のみに関する話として捉えてしまうと、このジェンダー論の意義と可能性をうまく理解できない。ジェンダー論は、女性の行為や思想だけに焦点を当てるものだと誤解されがちである。ちなみに、学生たちのこのような反応に対しては「経済学なり政治学なり、思う存分好きなだけ学べばいい。でも、ジェンダー論を学ぶことはそれらをまったく妨げませんよ。ジェンダー論も同時に学んでください」と応えている。実際のところ、ジェンダー論を学ぶこととほかの学問を学ぶことは、（投入する時間を除いて）トレードオフの関係にあるわけではない。これはすべての学問分野についていえる。たとえば、イギリス文学を学ぶことは物理学を学ぶことを妨げない。同様に、ジェンダー論を学んだからといって、経済学や政治学の理解が遅くなるわけではない。

　なぜジェンダー論に限って、このようなトレードオフの関係があるかのような誤解が発生するのだろうか。もしジェンダーを女性のみに関係するものとして理解してしまっていれば、公的領域についての情報（たとえば経済学や政治学など）とは無縁の私的領域の情報だと感じてしまい、そこに時間を割くことについて、何か無駄な労力を費やすことのように感じてしまうだろう。実際には、ジェンダー論を学ぶことは無駄ではなく、経済学や政治学などの公的領域についての情報への理解を促進するだろう。どのような領域にもジェンダーの問題は潜んでいて、関わっているからである。

　もし、ジェンダー論を学ぶことで、経済学や政治学などほかの学問の理解が遅れることがあるとすれば、それはそれらの学問の男性中心的な側面に直面したときに起こる。言い換えれば、そうした学問が人間の半分（男性）の営みしか解き明かせないという、それぞれの学問の欠落に直面することでも

28

ある。そのため、疑問が生じて、そのままでは既存の学問の受け入れを中断せざるをえなくなり、学問体系の理解に時間がかかることはありうる。しかしこの場合、男性視点のみに基づく学問を「理解」するということは、学問の欠落に目をつぶってその欠陥を受け入れるということを意味する。それは理解ではなく思考停止にすぎない。

ジェンダー論を学ぶことは、ほかの学問を学ぶことを妨げない。むしろその学問に内在する男性中心的視点を批判する能力を獲得することによって、より深い理解を助けてくれる。多くの学問分野で、既存の学問体系をジェンダーの視点から読み直す試みがおこなわれ、ジェンダー○○学という表現をしばしば目にするようになった。そのような動きがあるのは、これまで男性が独占し、男性の視点だけによって形成されてきた学問を、ジェンダーの視点を組み込んで再定義・再構築する必要があり、それをおこなうことによって既存の学問領域が実際に深まるためである。

ジェンダー論の射程が、女性と男性の双方にあることは重要である。ジェンダー論が問題にするのは、女性の思想や行為であり、それ以上に男性の思想や行為である。なぜなら、女性が直面する困難は、そのほとんどが男性によって設定されたものだからだ。この困難からの解放について検討するために、女性だけではなく男性についての分析も必要になるのは、議論の必然といえる。

「女性問題」という問題

このような性差の認識枠組みの設定の仕方自体についても、ジェンダーのポリティクスは存在する。それは「女性問題」という呼称に現れている。この「女性問題」という呼び名が、どれほどジェンダー論やその周辺の議論の理解を妨げてきたかは計り知れない。「女性問題」と聞くとき、どのようなものを思い浮かべるだろうか。たとえば就職時に男性のほうが女性より高く評価されがちなこと、男性上司は女性部下より男性部下のほうを高く評価す

───────────

（9）　ポリティクスという用語は直訳すれば「政治」という意味だが、社会学やジェンダー論では単に現実の政治過程（国会や永田町の動きなど）にとどまらず、小さくは恋人や家族間の力関係、大きくは国家間の関係にいたるまで、さまざまな次元での権力作用を指す表現として用いられる。本書でもそのような広い概念として使用している。

る傾向があること、いわゆる「飲みの席」で重要な取引が展開され、そこに参加しにくい女性が重要な仕事から疎外されやすいこと、出産や育児で女性のキャリアが男性に比べて途切れがちになること、など。これらは主に労働をめぐるもので、私が思い付くものを並べただけであり、ほかにも多くの「女性問題」は存在している。

ところでこれらの「女性問題」のなかで、女性の側に問題の原因が存在するものはどれほどあるだろうか。あるいは、それぞれの問題での女性側の要因はどれほどだろうか。就職時の男女の不平等は、男性をより重要な労働力とみなす男性中心的な産業社会の価値観に原因がある。女性の部下が正当に評価されないのは、男性を女性よりも高く評価する傾向をもつ男性上司の問題である。重要な取引に女性が参加することが困難なのは、「飲みの席」というインフォーマルな男性同士のつながりで仕事を進める男性たちの問題である。出産や育児で女性のキャリアが途切れるのは、男性だけを安定的な労働力として扱ってきた男性中心的な雇用慣行の問題である。これらのすべてのケースで、問題は女性の側にではなく、男性の側に存在しているのだ。

これらの問題の解決や改善を目指すとき、女性にインタビューをおこない女性の思想や行為を調査しても直接的な解決にはつながらないだろう。[10]なぜなら、そこに問題は存在していないからである。存在していない問題を解決することはできない。むしろ直接的な問題解決のためには、男性にインタビューして、男性の思想や行為を調査する必要がある。問題はそこにこそ存在しているからである。就職や人事評価で正当に女性を評価できないのはなぜか、なぜ「飲みの席」で重要な仕事を男性だけで進めようとするのか、男性が育児に参加せず労働力として常にフル稼働している状態が理想とされるのはどのような理屈と感覚が背景にあるのかなど、それらを可能にしている諸条件を調べるほうがはるかに問題の解決に直結するはずである。

したがって、世に「女性問題」と名付けられている現象のほとんどは、実際には「男性問題」である。問題の根源は男性の思想や行為のなかに存在し

---

(10) もちろんそのような調査に意味がないといっているのではない。女性たちがどのような状況に置かれているのかを知るためには、女性たちの状況の調査が必要である。それらの調査から新たな問題が発見されることもあるだろう。ここで主張しているのは、あくまでも問題解決のための調査という限定的な話である。

ていて、変更や解決のためには男性の変化が求められる。問題の当事者は男性のほうなのである。しかし「女性問題」と名付けられたとたん、多くの男性は「あ、女性の問題か、おれには関係ないや」と感じるだろう。当事者であるにもかかわらず、男性たちは「女性問題」という名称を聞くことによって自らの問題を捉え損なってしまうのである。これでは問題が解決するはずがない。

ゲットー化現象

　このような現象は、いわゆる「ゲットー化現象」の別バージョンだと理解できる。ゲットーとはもともとヨーロッパ都市に存在したユダヤ人居住区を意味するが、ここでの意味はナチス・ドイツ時代にナチスが設定したユダヤ人居住区の様態に由来する。ナチスは、街じゅうのユダヤ人を街外れの一画（ゲットー）に強制的に移住させた。そこは普段はドイツ人たちが行く用事がない場所であり、ユダヤ人の存在は不可視化され、一般のドイツ人の意識から消えていくことになった。そのような状態を作り出したうえで、ナチスはゲットーからユダヤ人たちを貨物列車に載せて強制収容所や絶滅収容所へと送り出し、ジェノサイド（民族虐殺）をおこなった。もし一般のドイツ市民の目にふれるところでそのようなことをおこなえば、さすがに疑問や反対を唱える人々も出てくるだろう。しかし街外れのゲットーにユダヤ人たちを隔離し、一般のドイツ人の視線から見えなくすることによって、じゃまされることなく効率的な虐殺が可能になったのである。

　歴史学者ジョーン・スコットは、女性の歴史が、その存在を承認されたうえで隔離されて忘却されることをゲットー化現象と呼んでいる。この認識の構造は、歴史学に限ったことではなく、ジェンダーに関わる問題全般についても該当する。多くの男性たちは、それが「女性の問題」とされたとたんに、そうした問題が存在することをいったんは認識したうえで、自らには関係ないこととして忘れ去るのである。その結果、自身が変化することが解決につながるいちばんの当事者である男性が関心を失い、問題は未解決のまま存続しつづけることになる。つまり、「女性問題」という呼称は中立のものではなく、この忘却プロセスに対して明らかに推進的である。

　これは多くの差別や権力関係についても同様に当てはまる事柄である。たとえば、外国人問題、障がい者問題、沖縄問題、移民問題などと呼ばれるも

のは、その責任の所在を曖昧にする効果がその呼称自体に含まれている。これらの問題の真の原因は、命名される側ではなく命名する側（名前がない側）にある。本来なら日本人問題、"健常者"問題、日本問題、ホスト社会問題、という呼称こそ事態を正確に表すものである。命名する側がおこなっているのはゲットー化であり、問題を顕在化させないことによって命名する側の利益が継続する。その構造があるため、これらの呼称は公平ではなく欺瞞に満ちたものである。

　つまりこれは、"○○問題"という問題である。"問題"の命名についての問題。「"問題"問題」ともいえるだろう。したがって、ジェンダーを理解するときには、はじめに「女性問題」という呼称について、その意味を考える必要がある。それは、実際には「男性（の）問題」なのだ。この点で「ジェンダー問題」という枠組みの設定をしてはじめて"ジェンダーニュートラル"な問題になるといえるだろう。ジェンダーという問題の枠組みは、女性／男性双方のジェンダーの構築を問題にするため、「女性問題」のゲットー化を許さない視点を提供している。

解説1　構築主義とネイション

　ネイションには、ほかのネイションからそのネイションを区別する「核」のようなものが存在すると、長い間考えられていた。血統のような生物学的なものから文化的なものまで、その内容についてはさまざまな議論があったが、「あるネイションをほかのネイションから区分するそのネイション固有の何か」の存在はさも実在するかのように語られてきた。

　しかし近年では、このような伝統的なネイション観は疑問視されている。きっかけは1983年に、ベネディクト・アンダーソンの『想像の共同体』、エリック・ホブズボウム編の『創られた伝統』、エルネスト・ゲルナーの『民族とナショナリズム』などの研究が相次いで登場し、ネイションの構築性が議論されたことだった。これらの個々の研究の詳細は省略するが、こうした議論の要点を以下にまとめる。

　ネイションは近代になってから、統一された言語や大規模なメディ

第1章　ジェンダーを考えること：1

ア、教育システムなどの国民を作り上げる装置（国民化装置）によって人々が同じネイションであるという情報を共有することで成立したものである。ネイションは、それを作り上げ発展させようとするナショナリズムを生み出した。またその過程で「民族の伝統」といったものも再定義・再創造されてきた。つまり、ネイションにはほかのネイションと区別可能な「核」のようなものが実際に存在しているのではない。情報の共有によって仲間意識や同胞意識や連帯感などが人工的に作り出された結果、人々がネイションに属しているという意識をもつようになったにすぎず、その意識はいまも日々作られ続けているということである。

　なかでも、アンダーソンの「想像の共同体」というネーミングはこの状態を秀逸に表現している。想像の共同体（Imagined Communities）という言葉は、直訳すれば「想像されたコミュニティ（複数形）」という意味であり、本来は語義矛盾である。コミュニティとは自然発生的な共同体のありようを指す概念であり、自然発生的な村落や地域的な共同体などに対して一般に用いられる（一方、目的をもって作られた人工的な組織体はアソシエーションと呼ばれる）。もし想像という人為的な行為によって作られたのなら、それは本来コミュニティではない。アンダーソンがこの言葉で表現したのは、ネイションは情報共有によって仲間意識をもち連帯を想像するという人工的なプロセスで作られたにもかかわらず、あたかも最初から自然発生的に存在していたものであるかのように形作られている、ということである。つまり、これはネイションの自然化ともいえる。

　これらの議論は、ネイション研究の分野に構築主義的視点を持ち込んだものである。1983年という同じ年に堰を切ったかのように重要な研究が発表されたのも、構築主義の視点が分野を超えて70年代に社会科学全般に広がり、成果が実ったのがこのタイミングだったということだと思われる。ネイションのありようは、本質的な民族的特徴によるものではなく、情報の共有によって社会的に構築されたものであるという視点の転換。そして国民化装置が日々あらゆる領域でフル稼働している結果、ネイションは常に想像されつづけているという議論は、当然ながらジェンダー論との親和性も高い。「ジェンダー化装置」とでも呼べるような、人々をジェンダー化する仕組みがあらゆる場面に存在していて、

その結果、人々は女性／男性として作られていく、というのがジェンダー論の標準的な考えである。人々がジェンダー化していく過程では、ジェンダーがネイションのありように組み込まれたり、ネイションのありようがジェンダーに反映されたりするなど、ネイションとジェンダーは相互補完的な関係にある。そしてそれらの双方が社会的に構築されているのである。

解説2　ミソジニー

　ミソジニー（misogyny）は、一般に女性嫌悪・女性憎悪と訳され、本書でも何度か登場する概念である。ただし、ミソジニーを単に嫌悪や憎悪という言葉で理解するだけでは、その意味を十分に捉えることができない。女性に対してあからさまな嫌悪感や軽蔑を抱く男性にミソジニーが存在していることは間違いない。では「私は女の人が大好きです」という男性には、ミソジニーは存在していないのだろうか。

　結論からいうと、このような男性にもミソジニーが存在している可能性は十分にある。ここで注意するべきなのは「女の人が大好き」という好感の表明が、「女の人」というカテゴリーに基づいていることである。「女の人」といっても実際はそれぞれ多様であり、さまざまな性格の人がいる。にもかかわらず、「女の人」というだけで大好きだというのは、何かおかしい。実は、「女が大嫌い」も「女が大好き」も同じ認識に基づく感覚である。それは相手を一人の人間としてみるのではなく、「女」というカテゴリーとしてみるという感覚である。カテゴリー（記号）に対して好悪を表明している点で、同じ認識に立っている。ここに、ミソジニーを理解する第一のポイントがある。ミソジニーは、相手を個人としてではなく記号としてみる視点である。このような意味で、ミソジニーは相手を人間扱いしない視点といえるだろう。

　第二に、これは主に男性の場合になるが、ミソジニーによって女性を自らとは異なるものとして区分している。たとえば「女は天使」と「女は悪魔」という表現は、まったく同じことをいっている。そういっている男性が自分自身のことを天使か悪魔だと思っていないかぎり、天使も

悪魔も明らかに自分自身とは異質な存在であり、理解できない存在だからである。ミソジニーを理解する第二のポイントは、このように女性を理解不能なものとして、他者化する視点だということである。「女大好き／女大嫌い」「天使／悪魔」は、ともに同じことを表明しているという意味で、女性を自らと同じような感情や理性をもち、思考する存在として理解し、想像することを拒否している。そしてこの拒絶は、女性に対する自らの優位性から発している。理解不能なものとして女性をカテゴリー化する知的な権力を、自分が保持していることを疑わない視点だからである。

　最後にミソジニーについて考えるうえで最も重要なことは、ミソジニーは嫌悪や憎悪というよりも軽蔑であるという点にある。女性を、男性に比べて何かしら価値の低い存在、劣った存在、重要ではない存在とみなす感性がミソジニーの核心である。男性に比べて、女性のありよう、発言、知識、意見、成し遂げたことなどを、どこか価値の低いものだと感じるという感覚がミソジニーの現れなのだ。男性が女性に対してやたらと教えたがる傾向は、マンスプレイニングと呼ばれるが、この傾向は男性の知識や理解のほうが女性のそれよりも優れているという感覚に支えられている。マンスプレイニングは典型的なミソジニーの発現である。同様に、女性が何かの知識を披露したり、論理的に語ることに対して「生意気だ」と感じたり、面白くないという感覚を抱いたりすることもミソジニーの現れである。これらは男性の優越性に対する挑戦と受け止められ、男性内部のミソジニーが刺激された結果の反応である。

　このように考えると、ミソジニーは男性にだけあるものではないこともわかるだろう。たとえば学校で男の先生と女の先生が何かを発言しているとして、何となく男性教員がいうことのほうが正しく、説得力があると感じる。あるいは両親から説教されたとして、父親がいうことのほうが母親がいうことよりもどこか正しく、説得力があると感じる。そういう感覚をもつならば、それはミソジニーである。このような感覚は性別に関わりなく存在しうるものであり、女性もミソジニーから無縁ではありえない。ただし、男性にとってのミソジニーは女性を他者化することで自らの優越性を肯定的に確認する行為だが、女性にとってのミソジニーは、自らの劣等性を否定的感覚とともに確認する行為であるという

点で、まったく異なるものである。つまり女性にとってのミソジニーは、自己嫌悪・自己否定として現れるのである（上野千鶴子による説明）。

このようにミソジニーとは、男性が女性を自らとは根本的に異なる存在だとみなす感性であり、多くの場合には価値が低い存在とみなす感性である。そしてカテゴリー化された記号としての女性に、男性に比べて低い価値しか見いださない視点である。その視点は、自己嫌悪として女性にも共有されうる。なおミソジニーについてのより詳細な考察は、上野千鶴子『女ぎらい』（朝日文庫）を参照するといいだろう。

第1章をより理解するためのブックガイド

ブックガイドでは、2024年時点で一般書店で入手可能なものを挙げたいのだが、どうしても品切れや絶版になっているものも紹介せざるをえない場合がある。そうした書籍を読む場合は図書館などを活用してほしい。24年時点で一般書店で入手不可のものについては書誌情報の末尾に（＊）を付してある。なおブックガイドの出版年は、文庫化されている場合は入手のしやすさを優先して文庫版の年を、翻訳書の場合は翻訳版の出版年を記載した。初版や原著などについての書誌情報は、巻末の文献表を確認してもらいたい。

①第1章に限らず、本書全体を理解する際に役立つのは、**小倉千加子『セクシュアリティの心理学』有斐閣選書（2001）**である。心理学を基本にしながらも、社会学の議論としても学ぶべき点が多い書籍である。ジェンダーの構築性を理解するのに有効な視点を多く提供してくれるだろう。また、ジェンダー論全体の潮流や議論を概観するには、**江原由美子・金井淑子編『フェミニズムの名著50』平凡社（2002）**が最適である。著名なフェミニズムやジェンダー論の著作が簡潔に紹介されているので、関心をもつものについてはぜひそれらの書籍に挑戦してみてほしい。また、ジェンダーと権力作用について本格的に学びたい場合、**ロバート・（レイウィン）コンネル『ジェンダーと権力』（1993）**、および**江原由美子『フェミニズムと権力作用』勁草書**

房（2000）、同『ジェンダー秩序 新装版』勁草書房（2021）を参照するのが
いいだろう。これらの著作は、ジェンダーと権力作用、ジェンダーと差別と
いう論点だけではなく、社会学の視点からジェンダーを総合的に分析する本
格的な教科書としても秀逸なものである。

　②構築主義（とくにジェンダー領域）については、**上野千鶴子編『構築主
義とは何か』勁草書房（2001）**がより専門的な知識を与えてくれるだろう。
歴史学とジェンダー、ゲットー化現象については、**ジョーン・スコット『ジ
ェンダーと歴史学』平凡社ライブラリー（2022）**を参照するといい。

　③コロニアリズムとポストコロニアリズムについては、**野村浩也『増補改
訂版 無意識の植民地主義』松籟社（2019）**が理解を深めてくれる。この書
籍は在沖アメリカ軍基地問題を中心に、沖縄と日本との関係について植民地
主義の分析をおこなうものだが、そこで議論されている権力作用のありよう
の分析は、ジェンダーを考察する際にも大いに役立つだろう。とくに本書で
分析するポストコロニアルな権力作用のメカニズムを理解する際に、この書
籍は多くのヒントを与えてくれるだろう。

　④ミソジニーについては、**上野千鶴子『女ぎらい』朝日文庫（2018）**を参
照するとより理解が深まるだろう。この書籍はミソジニーだけではなく、日
本社会のジェンダー問題の解説書としても秀逸である。また**ケイト・マン
『ひれふせ、女たち』慶應義塾大学出版会（2019）**を読むと、ミソジニーを
軸として、家族システムや性差別主義、女性へのヘイトの構造などが、より
よく理解できるだろう。

第 2 章

ジェンダーを考えること：2

―― ジェンダーのポリティクス

ジェンダーをめぐる権力作用は、本質をでっち上げて女性に受け入れさせるという欺瞞を伴う。男性たちは自らの行為が不正義で、欺瞞を伴うものであることを意識的にであれ無意識的にであれ知っている。男性たちの権力作用の継続のためには、女性たちを、そして自らを欺くあれこれの手法が必須である。本章ではそのような手法のうち、頻繁に用いられるロジックのパターンを検討し、ジェンダーをめぐるポリティクスのありようを考えたい。欺瞞を伴うこれらの論理は、ジェンダーを学ぶ際に、惑わされやすい急所ともいえる。

1 ジェンダーをめぐる駆け引き

男たちの"逆ギレ"

　前章の最後に、ジェンダーという呼称が女性問題という形でのゲットー化を許さず、女性／男性双方のジェンダーを問題化することを可能にしたと述べた。ただ、可能にはなったのだが、そうなると別の問題も発生してくる。それはジェンダーをめぐる男たちの"逆ギレ"とでもいえる行為である。ジェンダーが両性を問題にするとき、議論の幅を拡大して男性の責任を追及する土台を提供し、男性のジェンダーもまた構築されたものだということを問題にすることになる。その結果、男性たちが安易に免罪を求める可能性が生まれる。つまり「男も男らしさを求められて大変なのだ。あんまり差別とかうるさいことを言うなよ」というような見解である。このような見解は、一見もっともらしいものだと思えるかもしれない。

　女性の場合と同様、男性のジェンダーも社会的に構築されているという認識は正しい。確かに男性に対してもジェンダー規範が作用するため、男らしさを求められることを負担と感じ、重圧に苦しんでいる人もいるだろう。しかし注意が必要なのは、ジェンダーが設定されている社会的文脈そのものに存在する性差である。行為規範としてジェンダーが構築されていて、その規範に縛られていることは女性も男性も同じではある。しかし、その規範に従った結果についてはどうだろうか。ジェンダー規範に従うことで、男性が社会的な権利や資源の分配の面で損をすることはない。一方で、女性の場合は

男性に比べて明らかに損失を被っている。第5章であらためて考えるが、男性が感じるジェンダー規範による生きづらさは、男性であることによって得られる利益に対してのコストにすぎないという指摘[1]や、ジェンダー規範による生きづらさの程度が、女性と男性とでは異なっている（女性のほうが深刻である）という指摘[2]もある。この違いを無視して、構築されたジェンダーに縛られているという一点だけに基づいて、両性が直面する困難を同じものだとするのは暴論といえる。

　わかりやすくいえば、「足を踏まれて痛い」という状態と「足を踏んでいるほうも痛い」という状態を、同じ「痛い」という現象として一括りにして同列に論じている、ということである。その「痛み」は文脈も程度もまったく異なるものである。それを同じものとみなして「おれも痛いんだから我慢しろ」というのは、単なる"逆ギレ"でしかない。足を踏み付けるのが痛いのなら、踏むのをやめればいいだけのことである。ジェンダー規範のために男が生きづらいのなら、それによって得られる利益を放棄すればいいのである。また、たとえ実際に行動に移せないとしても、そのような議論や主張をすべきである。すべき、というのは、そのような議論をしないままに、「おれも痛い」と主張して、その結果たとえ女性が男性を批判しなくなったからといって、彼が感じている痛みや生きづらさは解消しないだろうという理由のためである。もし女性からの差別の指摘を受けなくなったくらいで生きづらさが解消するならば、それはそもそも生きづらさなどではなく、単に差別への抵抗を抑圧し、差別を続行したいという主張をしているにすぎないのである。

文脈の無視／文脈からの切り離し

　男の"逆ギレ"に関連して、いわゆる逆差別という言葉についても確認しておきたい。最初に確認したいのは、逆差別という言葉は語義矛盾であるということだ。断言するが、逆差別などというものは現実には存在しない。逆に差別することができるような権力を保持しているならば、そもそも差別される状況に陥ることなどないからだ。差別は圧倒的な権力差を背景に実践さ

（１）　渋谷知美による指摘（渋谷, 2001: 459）。
（２）　平山亮による指摘（平山, 2017: 238-241）。

れるものであり、相互に差別しあうなどということはありえない。したがって、逆差別というもの言いはすべて欺瞞を含むものであり、差別する側が自分の差別意識から目をそらすためか、自身の立場を取り繕うために繰り出す詭弁（ごまかし）である。もし、被差別者側が差別者側のことを悪くいったり批判したりすることがあっても、それは正当な反論や批判であって、差別者側が実践している差別とは文脈的にも質的にも異なる。それらを混同することは、意図的な攪乱行為にすぎない。つまり差別者は、何が差別であり何が差別ではないのかを決める権力を独占しているのである。

　逆差別の例としてよく話に出されるのが、レディース・デイである。映画館やケーキ屋などのレディース・デイでは女性が優遇されているため、女性が社会のなかで差別されているとはいえないというものである。正直なところ、このようなもの言いは、おそらく一般的な感性の持ち主が聞けばおかしいと感じる詭弁であるため、このような言説を本気で主張する人のほうがたいていの場合、相手にされずに終わるだろう。しかしこのレディース・デイを逆差別の根拠とする言説には、性差をめぐる欺瞞に典型的なロジックの特徴が現れている。

　それは、事象を社会的文脈から切り離すという手法である。ある事象だけをその文脈から切り離して取り出し、本来の文脈から外れた意味づけをおこなうというものだ。この場合、確かにレディース・デイ当日だけをみれば、女性のほうが優遇されているといえる。しかしそれは、ケーキを男性よりも多く購買する傾向にあるとされる女性へのマーケティング戦略の一つであるにすぎない。とはいえ、女性がスイーツ好きだというのも、社会に埋め込まれたジェンダー規範の結果といえなくはない。とするならば、社会全体としてみた場合、女性はそのジェンダーによって優遇されているといえるのか、そしてレディース・デイはジェンダーに基づく不平等を帳消しにするほどのものだといえるのか、という比較衡量のうえで検討される必要がある。

　いうまでもなく、レディース・デイの女性優遇はジェンダーの不平等を打ち消すものではない。教育や労働など、そのほか多くの領域での男性の優位性や優遇は際立っていて、多くの社会的場面では、ほぼ365日が「ジェントルメンズ・デイ」だといっていい状況なのである。そしてレディース・デイの優遇は、そのほかの多くの社会的場面での女性に対する不平等を相殺するほど卓越したものではない。

社会には局所的に女性が男性よりも優遇される場面が存在する。しかしそのような場面が存在するからといって、社会で男性が総合的な優位性をもたないことにはならない。レディース・デイがあるから女性差別は存在しないという言説を受け入れると、女性は社会のどのような場面であっても必ず差別されつづける存在でないかぎり、差別されていると主張できないことになってしまう。レディース・デイを逆差別の根拠とする言説が、あまりにも残酷でずさんな論理であることがわかるだろう。

　同様にレディー・ファーストという言葉にも注意が必要である。このことは第1章の解説2のミソジニーと表裏一体である。エレベーターで女性を先に乗降させる、ドアを女性のために開けてあげる。これらは確かに敬意を含む行為である。しかし、本来それは女性に対してだけおこなうべきことではないだろう。男女関係なく、誰に対しても発揮されるべき敬意といえる。わざわざ女性に対する行為だけに限定して言説化・概念化するのはなぜだろうか。そこには女性をか弱い存在とし、保護の対象としてみる視点が潜んでいることを疑ってみるべきだろう。レディー・ファーストには、男性が女性を保護の対象とし、自らの優越性を確認する感性が隠れている可能性がある。

　さらに、通勤・通学電車の女性専用車をめぐる言説のなかにも、女性専用車を女性優遇の現れ（逆差別）と考えて批判するものがある。これは論外である。いうまでもなく女性専用車は車内での性犯罪や性暴力（いわゆる痴漢）から女性を守るための緊急避難的な仕組みである。実をいえば、私も女性専用車には奇妙さを感じている。しかしそれは女性が優遇されているからではなく、犯罪の加害者／被害者の関係として非常に特殊な事例といえるからである。これはジェンダー論のなかで、しばしば指摘されてきたことでもある。

　一般に犯罪の発生が予想される場合、予防的措置として隔離されるのは被害者側ではなく加害者側である。たとえばストーカー規制法（ストーカー行為等の規制等に関する法律）でも、予防的措置として接近禁止命令などが出されるのは加害者側に対してである（第5条）。しかし車内での性犯罪・性暴力の場合、隔離されるのは加害者側ではなく被害者になりうる側である。これは電車内での性犯罪・性暴力以外には、あまりみられない事態である。いうまでもないが、本来、隔離されるべきなのは加害者（痴漢）である。根本的に考えると、必要なのは女性専用車ではなく「痴漢専用車」である。駅のホ

ームにはピンク色の表示で「痴漢の方はこちらにお並びください」と書いていなくては、論理的におかしいのである。

しかし現実にはそうなっていない。いうまでもなく「痴漢専用車」におとなしく"痴漢"たち（加害の意志をもつ者）が整列乗車する事態は想定しにくく、その他の車両で性犯罪をおこなうことを、実効的に予防できないからである。女性専用車はあくまでも緊急避難的に設置された場所であり、通勤・通学時のシェルターとして機能しているのだ。それは性犯罪が野放しにされている現実の反映でしかなく、啓蒙活動が繰り返されても車内での性犯罪が絶えないという男性の暴力性の結果にすぎないのである。それを女性への優遇と解釈する見解は、基本的な道理を理解していないものといえる。

こうした、限定的で部分的なわずかな優遇（レディース・デイなど）、女性への見せかけの敬意（レディー・ファースト）、被害からの緊急避難（女性専用車）などでさえ、女性への差別を相対化・無効化するものとして利用されうる。それらの論理は破綻していて単なる詭弁にすぎないのだが、このような言説が「とんちんかんなもの」とみなされながらもある種のリアリティをもって流通してしまっている。そうした状況こそ、言説流通に対する男性の圧倒的な権力の現れなのである。

2 | 脱 – 自然化

ジェンダーを考えることの重要な意義に、女性／男性を問わず、生まれつきと思われていたものの多くが実は社会的に構築されたものであるという視点の転換がある。専門的には「〈自然化されたジェンダー〉の脱 – 自然化」と表現できる。

女性のなかには、「だってしょうがないでしょ、女なんだから、女に生まれたんだから、生まれつきなんだから、がまんしなさい、諦めなさい」というようなことを言われた経験がある人もいるだろう。さぞかし悔しい思いをしたと思う。あるいは、残念なことだが、これまでに言われたことがなくてもこれからそのようなことを言われるかもしれない。しかし、ジェンダー論を学び、なかでも脱自然化の視点を獲得することで、このような言葉を信じ、受け入れることはなくなるだろう。また過去にこのようなもの言いをし

たことがある男性がこうした視点を知ることで、その無根拠性を反省する機会を得るかもしれない。さらに今後このようなもの言いを口にすることはできなくなるか、少なくとも自分に正当性があると心から信じることはできなくなるだろう。

　脱自然化の視点とは、生まれつき備わるものだと思っていたことが、実際には社会的に構築された事柄であると理解する視点である。ただし、繰り返しになるのだが、ジェンダーを構築物として捉える人も、多くの場合は意識的にそれを変えられると思いがちである。言葉づかいや服装などはその典型である。確かにそのようなジェンダー要素もたくさんあるのだが、ジェンダー論が強調するのは、私たちが「生まれつきだと思っているようなもの／こと」こそがジェンダーであり、社会的に構築されているということなのである。たとえば、身体のありよう（女らしい／男らしい体つき）、性的関心のあり方（女性は男性に／男性は女性に性的な関心をもつ）、味付けの好み（女性は甘いものが好き、など）、好きな色（女性は暖色系／男性は寒色系など）、女性はかわいいものが好き、女性は子どもが好き（母性本能がある）、など。本能的、無意識的、自然とわいてくる感情などと思っているものこそ、実はジェンダーの中核部分であり、社会的に作られたものだということである。

　たとえば、セクシュアリティという概念がある。本書でも何度か登場するが、一言でいえば性にまつわるあれこれをざっくりと括った概念である。これだけでは何のことやらわからないかもしれないが、実際に使ってみると使い勝手がいい概念である。セクシュアリティについては、遺伝子に決定づけられていたり、人間に本能的（先天的）に備わっていたりするものだとみなされることが多かったのだが、ミシェル・フーコーという思想家（社会学者でもある）によって、規律と権力という概念を軸に新たな視点が提起され、それ以降、セクシュアリティは権力を分析する概念としても用いられるようになった。

　人がどのような対象に性的な関心をもつのかは、セクシュアル・オリエンテーションと呼ばれる。オリエンテーションとは方向づけ（指向性）という意味である。それは、かつては生まれつき人間の内部に存在するものと考えられていた。異性愛（ヘテロセクシュアル：男性なら女性に、女性なら男性に関心をもつ状態）が当然とされ、それは人間に備わった本能だと考えられていた。したがって、かつてはそこから逸脱した同性愛（ホモセクシュアル）

は、本能からの逸脱とみなされ病理化して（病気として）理解されていた。だが、フーコー以降のセクシュアリティ研究が明らかにしてきたのは、異性愛が正常であるという性の規範自体も、規律訓練（マスターベーションなどの身体的トレーニング）と権力作用（リプロダクションに結び付く性的規範）のはたらきの結果作られてきたものだという「性の歴史」である。

たとえば、明治期から昭和初期までは、地域や階級による違いもあるのだが、旧武士階級を中心に男性同士の性的接触は比較的多かったことが知られている。総じて、ある時期までの日本社会には、男性の同性愛的行為についての比較的寛容な価値観が存在していたようである。また明治から太平洋戦争期にかけての日本軍内部で、同性愛的関係性（必ずしも身体的接触を伴わない）が一定の認知を獲得していたことも知られている。たとえば軍の購買部（売店）では、高位の階級にある軍人の写真（ブロマイドのようなもの）が販売され、人気商品になっていたという話を軍隊経験者から聞いたことがある。

そうした状況が一転し、男性同性愛が異端視され病理化されたのは、おおよそ1950年代半ばから70年代半ばにかけてのことだったように思われる。このころになると、同性愛に寛容な言説が急速に少なくなり、異性愛だけを正常とする感覚の言説が圧倒的になる。では、そのころにかけて、日本人男性のセクシュアリティを大きく変化させるような出来事があったのだろうか。実は、何もないのである。要するに、男性同性愛に対して比較的寛容な性規範をもった明治生まれの人々が亡くなり、それ以後の同性愛を排除する性規範を身に付けた男性が多数になったタイミングがこの時期だったということである。

この文脈からいくつかのことが推測できる。はじめに、セクシュアリティやセクシュアル・オリエンテーションは、遺伝子やDNAに刻まれた本能や本質ではありえないということ。もしそのようなものであれば、1868年（明治初年）から1955年ごろ（昭和30年代）までは90年弱であり、その間に大多数の日本人のセクシュアリティに遺伝子レベルでの変化があったとすれば、日本人男性のDNAは短期間に突然変異したことになる。つまり、セクシュアリティやセクシュアル・オリエンテーションは、社会の影響を受けやすいもの、もっと思い切っていえば、社会的に構築されるものであるということだ。また社会のなかのセクシュアリティ規範の変化は、思ったよりも速

いということも推測できる。90年足らずといえば日本人の平均寿命と同じくらいの期間である。そんな短期間に社会のセクシュアリティ規範は変化しうるのである。

また、1955年前後に人の入れ替わりのために急激なセクシュアリティ規範の変化が現れたようにみえることは、ある人がある時期（おそらくは幼少期前後）に獲得したセクシュアリティは、個人的水準ではその後ほとんど変化しない可能性が高いことを推測させる。社会の性規範が変化したので、個人のセクシュアル・オリエンテーションも明日から変更されます、ということにはならないのである。平均寿命が伸びたことで、個人のセクシュアリティが維持される期間と、社会のセクシュアリティ規範が変化するまでの期間が同じくらいになるという状況が起こりうるのである。私たちが身体と呼んでいるものは、少なくともセクシュアリティに関するかぎり、初期に社会の影響を強く受け、その後は変化しにくいものなのかもしれない。

日本に限らず、近代社会では男性はより若い女性に対して性的関心をもつのが正常なセクシュアリティのあり方だと考えられてきた（たとえば40歳より30歳、30歳より20歳というふうに）。より若い女性に魅力があると考えられてきた理由は、読者にはもはや明らかだろう。それはより若い女性のほうがリプロダクションに結び付く可能性が高いと考えられてきたからである。すでに述べたように、女性の存在様態がリプロダクションとの結び付きを中心に編成されているのは、近代国民国家にとっての安定的な人口維持の重要性のためであり、社会的な条件の結果である。つまり、多くの男性たちがより若い女性に性的魅力を感じているのは、国民国家社会の人口維持という社会的要請の結果といえる。男性たちはそのようなセクシュアリティを、性規範の規律を受容することによって身体化しているといえるのである[3]。男性たちのセクシュアリティは、近代社会の要請によって管理され、規律化されているということになる（これはフーコーのセクシュアリティ論の重要な部分でもある）。

（3）　極端に若い女性に対する性的関心が「ロリコン」として病理化・異端化されるのも、もちろんそのような行為によって未成年の女性が深刻な被害を受ける事態を防ぐためという理由に加えて、よりマクロな視点からみれば、「ロリコン」と呼ばれる男性たちが関心を向ける女性たちが年齢的にリプロダクションに適さない存在だからである。

ところで、日本人の平均寿命は伸びている。現在20歳前後の女性たちは、100歳前後まで生きることが普通になるのではないだろうか。一方で、生殖に関する科学技術も発展を遂げ、人工生殖が可能になりつつある。すでに、人工授精の段階までの技術は商業ベースで確立している。さらにES細胞やiPS細胞の研究や再生医療技術などが進めば、社会・倫理的な問題は措くとして、技術的には人工子宮の実現も遠い将来の話ではなくなるだろう。現在20歳前後の女性たちが生涯を終えるまでの今後80年間で、生殖技術がどのような変化を遂げるかは予想もつかない。

　もし人工子宮などが実用化されれば、女性は出産から解放されることになる。女性のライフプランや人生経験も激変するだろう。それにとどまらず、そのような状況になれば、男性を規律化してきた性規範も変化する可能性がある。つまり、性的魅力と年齢の相関の解体が起きるかもしれない。その結果、女性の魅力の条件としての年齢は意味をなさなくなるかもしれない。人生経験が短く子どもっぽい若い女性よりも、人生経験が豊富な年配女性のほうが魅力的だという若い男性が大量に出現する可能性もあるのだ。年老いてから突然若い男性にモテモテなどという事態も、起こらないとはかぎらない。このシミュレーションは、冗談半分ではあるが、半分は現実に起こりうるものである。この程度の社会的なセクシュアリティ規範の変化は、これまでにも起こってきたからだ。しかも100年にも満たない短期間にである。

　ここではセクシュアリティや性規範を例に、その構築性の一端にふれた。同様に、ジェンダーに関わり、生まれつきのことだと思われている事柄には、社会的に構築された可能性があるものが多く、それは一定程度の期間で十分に変化しうるものである。私たちが生まれつきのもので不変だと信じているものも、社会的に構築されていて、思ったよりも変化しやすいものであるかもしれない。ジェンダー論が光を当てているのはそのような領域である。これは発想や視点の転換でもあり、一言でいえば「ジェンダーの脱自然化」である。

3 　ジェンダーカテゴリーと規範権力

　ジェンダーについて考えることは、性のカテゴリーの成り立ちとその権力

的操作の可能性について考えることでもある。そのようなカテゴリーが何のために作られ、操作されるのか。それは、女性に対する支配を容易にし、女性の身体と労働力を資源化するという、男性たちのポストコロニアルな欲望を遂行するためである。

心理学の立場からフェミニズムやジェンダーを論じてきた小倉千加子は、ジェンダーカテゴリーによって印付けられる女性の特徴を大きく7つに整理している。そのなかで小倉は、女性への規範に組み込まれた自己抑制傾向を3つ指摘する。以下に引用する。

① 直接自分の要求を出すことを抑圧され、自立したいという願望をどこかで抑制しており、その結果男性的な領域で成功していても、自己不全感をまぬかれない。
② 他人の世話をしたり、他人の要求に応えたりする性別（母親）に同一化するため、自分の面倒を見てもらいたいという養育欲求は挫かれ、自分の欲求に確信が持てず、特に男性に対して自己主張することが難しい。
③ 自己肯定感が男性より低く、自尊感情も男性より低い。（小倉, 2001: 23）[4]

これらの指摘は、摂食障害が女性に多いことを分析する文脈で論じられたものだが、同時に女性というカテゴリーの規範の根本的な問題点を指摘してもいる。女性は要求や願望を抑圧・抑制される（①）。この背後には、女性を男性よりも価値の低いものとして捉える視点＝ミソジニー（第1章の解説2）が潜んでいる。そもそも自身の要求や願望が抑圧・抑制されているので、それが男性的領域（公的領域）で達成されたとしても女性は満足感を得られない。その結果、女性は常に未達成感や不全感から逃れられなくなってしまう。

②と③の論点は密接な関係にある。男性との関係性についての論点である。他人の要求に応える性別に同一化すると、自身の要求よりも他者の要求

――――――――――
（4） これ以外の4つの特徴は本章の議論から外れるためここでは省略するが、いずれもジェンダーを考えるうえで重要な論点なので、同書を参照することを薦める。

を優先し、自身の欲求を正当なものだと捉える感覚を男性よりも獲得しにくい可能性がある。たとえば、自分がやりたいことが他者（とくに男性）のやりたいことと競合した場合、自身の欲求に確信がもてないため、他者のやりたいことを優先させる、あるいは他者のやりたいことのほうが重要で意味があると感じてしまう。また自分自身の欲求に確信がもてないため、それを外部に表明することにも消極的になってしまう。このループの経験のために徐々に自分自身への懐疑が蓄積し、やがて自己肯定感を押し下げることになる。欲求への確信の欠如と自己肯定感の低下によって、自分自身に価値があると思えなくなり、価値がない自分をどうでもいい存在と考え、投げやりに扱うようになる。これが自尊感情の低下という事態である。

　これらの小倉の指摘は心理学を基盤にした議論だが、社会学的な分析の基盤としても有用である[5]。重要なことは、小倉も指摘していることだが、これらのジェンダーカテゴリーの規範が、生物学的要因（形質）とはまったく無縁だということである。これらは、すべて社会的な関係性や社会的結合の様態に基づく問題にすぎない[6]。このことからもジェンダーとは社会的なものであることがうかがえる。これらの規範が女性たちに内面化されるならば、女性たちは内省的で消極的な存在になるだろう。控えめで、自信がなく、不安にさいなまれ、他者依存的で、自分自身に対して投げやりな存在。そのような存在になることを女性が自ら望んだとは考えづらい。そのような性質が自然のうちに備わっていると考えるのも誤りである。これらの特徴は社会的結合の要請の結果、起こったことにすぎない。つまりそれは男性たちが欲望したものだということである。男性の欲望がこれらのカテゴリーの規範を産出し、それを受容させることでそのような"女性"が現実の存在として生み出

（5）念のために付記すると、これらのモデル化や整理・類型がすべての女性に当てはまるといいたいわけではない。当然そこには個人差があり、いくつかの特徴が当てはまる人もいれば、まったく当てはまらない人もいるだろう。モデル化や整理することの意味は、そのような傾向が男性に比べて女性により多く存在しうることを、論理的機序として示すことにある。もちろんそれらは実際の特徴としてもありうる。しかしすべての女性に、あるいは特定の女性に当てはまるか否かは、まったく別の問題である。

（6）社会的結合については第6章「ジェンダーと社会的結合」であらためて考える。ここでは、無関係な状態から何らかの関係性に配置されることとして理解すればいいだろう。

される。そうしたはたらきかけは権力作用である。なぜなら"女性"の様態を変化させているからである。つまり"女性"の産出は、規範権力の結果ということになる。

　小倉の指摘からわかるのは、ジェンダーの権力作用の基礎的な部分が、性差のカテゴリーのありようによって、言い換えれば社会的な情報によって構築されているということである。このような権力作用の機序（ものごとが展開するメカニズムや順序）は、ジェンダーの権力の基本型である。

4 性差別をめぐる事実判断と価値判断

　本章の最後に、ジェンダー論に関して頻出する誤解についてふれておきたい。それは「人間は平等なのだから、ジェンダーなど持ち出して男女を分けて議論すること自体が差別的だ」という見解である。簡単にいうと、「差別というほうが差別」というもの言いのことである。このような見解に接することはしばしばあり、ときには女性の口から聞くこともある。

　はっきりといっておこう。これは、誤りである。なぜなら、それは事実と価値を混同した見解だからである。このことを考えるうえで、社会学者マックス・ヴェーバーが提起した価値自由という概念が役立つ。価値自由とは、簡単にいえば「事実判断と価値判断を分けよ」という主張である。より簡単にいえば「"現実にある姿"と"あるべき望ましい姿"を分けて考えよ」ということである。この2つを分けることによって、事実と価値の双方をよりよく追求できるとヴェーバーは主張する。わかりやすくするために、病気と健康を例に説明しよう。

　人間は健康であるべきだというのは、人間の"あるべき望ましい姿"についての言説であり、このような言明は価値判断だといえる。それは、そのように思わない人もいるからである。不健康な状態こそ生きている実感があっていい、健康を犠牲にしても追求する価値がありそれを優先すべきだ、人間

（7）　ヴェーバーは、"現実にある姿"のことを「存在」と、"あるべき望ましい姿"を「当為」と表現している（Weber, 1904=1998; 28）。またこの区分はカントおよびカント派の哲学でも重要な概念として頻出するものであり、ヴェーバーはカントの議論からこの概念を援用していると考えられる。

など地球上にはびこる害悪であり健康などは唾棄すべき価値観だ、あるいは、健康を追い求めるほど浅ましいことはないなどと考える人も、（少数ながら）いるかもしれない。それぞれが価値観の表明であり、自分がそれらの価値観のなかからどれをより重要なものとして優先するのか、それが価値判断である。

　一方で、ある人が実際に健康だといえる状態にあるかどうかは、その人がどのような「健康についての価値観」をもっているかとはまったく別の問題である。「健康などくだらない」と考えていても体が頑丈で健康そのものの人もいれば、「健康でありたい」と願いながらも病魔に苦しんでいる人もいる。したがって、その人が健康かどうかを正確に知るためには、医学的診断を受ける必要がある。健康かどうかは、医学的指標によって客観的に判断できる事実であり、このような判断を事実判断（事実認識）という。

　もしここで、価値判断と事実判断が混同されてしまったらどうなるだろうか。「人間は健康であるべきなのだから、病気ではないかと疑うこと自体が健康への冒瀆であり、病院になど行く必要はない」という人がいたら、周囲の人の多くは奇妙に感じるだろう。健康であるべきだというのは理想（当為）であって、現在健康であるか否か（存在）とは別の事柄である。もし体調が悪いのに病院に行かなければ状態は悪化し、結果的に健康が損なわれる可能性があるからである。ヴェーバーが事実判断と価値判断を分けることで、それらの双方がよりよく追求できると論じたのは、このような意味である。

　病気と健康の例はやや極端なたとえではあるが、極端な例を用いることによってヴェーバーが当たり前のことをいっていることが理解できるだろう。[8]あるべき姿（価値判断）を追求するためには、現実がどのようなものであるかを正確に知る（事実判断）必要がある。この例でいえば、健康であるべきという価値判断の内容をよりよく達成するためには、実際に病気があるかどうかを調べる必要がある。なければそれでいいし、あれば治療をおこなうことによって健康という理想に近づくことが可能になる。もし、ここでこれら

（8）　このように極端な条件を示すことによって関係性や理路の特徴をわかりやすくする
　　　方法は、ヴェーバーによって「理念型」というモデルのあり方として説明されている
　　　ものである。

の2つを混同してしまえば、健康からはむしろ遠ざかることになりかねない。

　さて、ジェンダーに話を戻そう。「人間はみな平等であるべき」というのは価値判断である。しかし、現実に平等であるかどうかは別問題で、それは事実に関することとして判断する必要がある。もし平等といえる状態ならば、その状態を維持する方法を考えればいい。不平等であるならば、それを解消する方法を考えなければ、平等という理想（当為）に近づくことはできない。そして性差に関しては、残念ながらまだ平等といえる状態ではない。これは単なる事実であり、けっして不平等が望ましいといっているわけではない。「ジェンダーなどと性別で分けて考えることのほうが差別的だ」といってしまうと、現在の不平等を認識できなくなってしまい、結果的に平等から遠ざかることになり、むしろ、現実の不平等や差別の維持に手を貸す結果になるだろう。

　実際のところ、このようなもの言いのほとんどは、差別を隠蔽しようとする詭弁として発言されている。しかしなかには、事実判断と価値判断を混同した結果、このような言説に賛同してしまう場合もあるだろう。差別を隠蔽する目的での意図的な詭弁であれ、事実判断と価値判断を混同した結果の誤解であれ、いずれにしろ誤りであることに変わりはなく、価値自由という視点から否定されるものなのである。

　本章では、ジェンダーの理解を混乱させる典型的な欺瞞や手法を紹介し、それらがごまかしとして一貫していることについて考えた。次章では、これまでのジェンダー論で焦点化されてきた諸論点を整理し、ジェンダー論の基本的な発想や視点を考えてみたい。

第2章をより理解するためのブックガイド

　価値自由については、**マックス・ヴェーバー**『**社会科学と社会政策にかかわる認識の「客観性」**』**岩波文庫（1998）**で論じられている。ただし、ヴェーバーの議論には難解な部分もあるので、さまざまなものがあるヴェーバーの入門書を参照するのもいいだろう。なお、私が編者になった**池田緑編『日本社会とポジショナリティ』明石書店（2024）**の第1章と第11章（ともに池

田執筆）でも価値自由について簡潔に論じているので参照してほしい。さらに、拙著『ポジショナリティ』勁草書房（2023）では、第1章で本章でもふれた価値自由に関する議論をより専門的におこなったので、関心がある人は読んでみてほしい。

第 3 章

制度か心か

──フェミニズムが問題にしてきたもの

本章では、ジェンダー論が権力作用をどのように問題にしうるのかという観点から、これまでに展開されてきたフェミニズムとジェンダー論の議論を手短に振り返りたい。

　第1章では、ジェンダーは女性と男性の両方を射程に入れる枠組みであることを紹介した。その一方で、ジェンダー論は第一義的には女性解放のための思想であるとも記した。この2つの点は矛盾しているようにみえるかもしれない。ジェンダー論が女性解放の思想でもあるのは、ジェンダー論がフェミニズムを基礎にしているからである。ジェンダー論の核心には、フェミニズムがある。

1 ｜ フェミニズムとジェンダー論

　ジェンダーもフェミニズムもそれぞれよく使われる用語であり、文脈によってそれらの意味するところも異なる。たとえば社会で使われるジェンダーという用語は、生物学的性差も含めた性別一般という意味をもつことも多い。しかし学術的な議論としてのジェンダー論で、セックスとジェンダーが区別されていることは第1章で紹介したとおりである。一方で、フェミニズムという言葉にもいろいろな使用法があるが、学術的には女性解放を目指す思想や運動のことだと理解すれば、おおむねいいだろう。

　ジェンダーという用語が登場したのは1950年代以降のことであり、現在のような意味が学術的に定着したのは80年代のことである。一方でフェミニズムには長い歴史がある。一方で女性学という枠組みは、後述する第2波フェミニズムの潮流のなか、男性中心的な既存の学問や知識の体系を女性やフェミニズムの視点から読み直すという文脈で広まったものといえる。すべての出発点はフェミニズムにある。フェミニズムの蓄積なくしては、ジェンダー論も女性学もありえなかった。ジェンダーの権力作用という論点についてのみ考えるとき、フェミニズムとジェンダー論の何が違うかにそれほど神経質になる必要はない。確かに、フェミニズムは社会的な性差による関係性を中心に検討してきた経緯があり、一方でジェンダー論ではセクシュアリティや性差カテゴリーの構築性も念頭に置いた議論が一般的である。しかし、ジェンダー論でも社会的な関係での権力分析はおこなわれているし、またフ

56

ェミニズムでも性の構築性は重要な論点になっていて、双方に大きな隔たりがあるわけではない。とくにジェンダーの権力作用という点については、フェミニズムの成果がジェンダー論の基本的な分析視点になっていて、連続性がある。

したがって権力作用を中心のテーマに据える本書では、ジェンダー論とフェミニズムについて厳密に分けて議論することはしない。女性解放という方向性を前提としてフェミニズムやジェンダー論の権力分析は発展してきた。そのためジェンダー論では、両性のカテゴリーをより柔軟な枠組みで議論できると理解して問題はない。フェミニズムとジェンダー論の学問的相違については、それを論じた専門的書籍や論文がたくさんあるので、関心がある人は調べてみるといいだろう。

以上の前提を確認し、フェミニズムやジェンダー論でこれまでどのように権力作用が問題化されてきたのか、概観してみたい。

2 リベラルな視点による制度への問題提起

近代社会と同時に始まったフェミニズム

はじめに紹介するのは、第1波フェミニズムと呼ばれる議論や動きである。この第1波フェミニズムは、事実上近代社会の誕生と同時に始まり、現在まで続くフェミニズムやジェンダー論の源流になった。その動きはフランス革命（1789年）のころにさかのぼる。

フランス革命は、近世までの社会の価値観と制度を一変させる動きの頂点といえる出来事だった。フランス革命は、神と教会を中心にした秩序から、人間と国家を中心にした秩序への転換を決定付けた。イギリスではこの変化は以前から緩やかに進んでいたし、国民国家の成立を示したという意味ではアメリカ合州国（合衆国）の独立宣言（1776年）が先んじている。しかし王政を倒して共和政への道を開くという劇的な展開、フランス人権宣言（1789年）に代表されるような社会的思想の充実など、フランス革命がその後の世界に与えた影響は大きい。近代社会の基本設計を集大成として明示した点を

考えれば、フランス革命はまさに近代社会成立へ向かう潮流の象徴になっているといえるだろう。[(1)]

　ところでフランス人権宣言では、自由（リベルテ）、平等（エガリテ）、友愛（フラテルニテ：博愛とも訳される）がその中心に位置づけられたことを知っている人も多いだろう。フランス国旗の3色（トリコロール）はこれらの3つの原則を表現している。これらは近代社会を作る建前として現在でも機能しているが、そこには問題もあった。それはこれらの諸原則を享受する人に、事実上女性は含まれていなかったことである。自由とは男性の自由、平等とは男性間の平等、友愛とは男性間の友愛感情を指すにすぎなかったと、のちの世で批判が噴出することになった。このような女性の排除は、フランス革命のどさくさのなかでなりゆきで決まったことではない。フランス革命を準備した近代思想のなかに、しっかりと組み込まれていたのである。そのことを指摘し批判することからフェミニズムは始まったといっていい。フェミニズムの最初の動きである第1波フェミニズムの主張を要約すれば、「女も人間だ！」ということになるだろう。人間なのだから、男性たちが享受している自由と権利を、同じように女性にもよこしなさい、という主張である。現在も男女同権という言葉が使われることがあるが、それはこの思想に起源がある。

　一般にフェミニズムの幕開けとして考えられているのは、イギリス人女性メアリ・ウルストンクラフトが著した『女性の権利の擁護』である。この本が書かれたのは1792年。国民議会の開設、テニスコートの誓い、バスチーユ監獄占領などの初期フランス革命の主要事件のわずか4年後である。だからこそ、フェミニズムは近代とともに始まったといわれるのである。ウルストンクラフトは、啓蒙主義者でありながら女性を劣性として扱ったジャン・ジャック・ルソーを強烈に批判した。啓蒙思想は女性にも適用されるべきであると主張し、男性と同等の権利を要求したのである。そのために理性を育てる教育が必要で、性別にかかわらず徳がある個人を育てるべきだと論じ、社会の改善を喚起した。

　ウルストンクラフトの議論はきわめて近代的なもので、現在にいたる女性

（1）　アメリカの独立に対しても、フランスの思想家の自由主義や啓蒙思想が与えた影響
　　　は大きかった。

解放の基本的な視点が示されている。それは、リベラリズムを基盤にした女性解放論という視点である。リベラリズム（解説3を先に参照してほしい）の追求のためには、各個人がそれぞれの意志を十分に行使できるように機会が平等に確保されていることと、そのような個人の思想や信条を形成するための教養、すなわち教育が必要になる。それを女性にも平等に配分せよという主張である。この問題提起はこのあと、参政権や社会権に関する女性の機会平等要求、あるいは女子教育の必要性の主張として、繰り返しフェミニズムのテーマになっていく。フェミニズムはリベラリズムとともに始まり、このような社会的機会の平等を求める志向性は、リベラル・フェミニズムと呼ばれることになる。

リベラリズムとの結び付き

ウルストンクラフトの主張は、すぐさま世界を変えたわけではなかった。彼女の要求は多くの女性に勇気を与えて支持されたが、それが社会的変化になるには時間がかかった。しかしウルストンクラフトがまいた種は、確実に社会の底流に存在しつづけ、ことあるごとに女性解放の要求として現れることになる。その要求はリベラリズムの思想と結び付いていたため、当時としても正当だとみなされやすいものであり、男性たちも論理的に反対したり弾圧したりするのが難しかった。なぜなら、リベラリズムは男性たち自身の権利と平等を保障する論理でもあったからだ。だからこそ、女性の性質や特質といった本質主義的言説が大量に生産されたのである。それらは、リベラリズム的な女性解放要求の正当性への対抗論理でもあった。

ウルストンクラフトの議論から80年近くたったころ、ようやく男性によっても女性解放が唱えられるようになる。ジョン・スチュアート・ミルによる『女性の解放』（1869）である。ミルは『自由論』（1859）で自由主義の考え方を確立した、古典的なリベラリズム（オールド・リベラリズム）を代表する思想家である。ミルは、なぜ女性の解放を論じたのだろうか。ミルが思想の根本に置いたのは、人々が自ら考えて行動する自由であり、そのためにはそのような行為が可能になる条件や状況を整えることが重要だった。ミルはそうした条件を備えた状態を自由と定義したのである。このような視点からみれば、当時の女性は自由ではなかった。思想的にも経済的にも男性に隷属する状況が続いていたからである。それは社会に対する損失だとミルは論じ

た。人間の半分を占める女性が、自分の意思を自由に行使できない状況、しかも男性による人為的な支配によって行使できない状況は、自由競争を妨げるので、人間全体にとって損失だとみなせる。この論理は、ミルの女性解放論の性格をよく表している。ミルによる『女性の解放』の原著タイトルが *The Subjection of Women* であり、直訳すれば『女性たちの従属』という意味であることは、ミルの議論の主眼がどこにあったのかを的確に表しているといえる。

　ミルにとって真に重要なのは、女性の権利が侵害されていることそのものではない。女性の権利が侵害されることで、自由競争の原理が損なわれることこそが問題だったのである。ところで、ミルの自由主義は功利主義を基盤にしている。功利主義は、ジェレミー・ベンサムらによって提唱された近代の社会統合原理の一つである。その英語表記がUtilitarianismであることからもわかるように、功利主義は社会全体のUtility（効用・有用性・満足度）を最大化することが望ましいと考える視点である。人々が自身の欲求や考えに基づいて効用（幸せ・満足）を追求することで社会の効用が最大化される、というのが功利主義の考え方だ。ミルは功利主義をさらに発展させ、その実現のためには人々が自身の欲求や考えを十分に追求できる機会の平等が必要と考え、それを人々が十分に得ていることを自由として論じた。この点で、社会の半分を占める女性たちが自由でないことは、社会全体の効用が引き下がることを意味するものでしかない。

　繰り返すと、ミルにとっての最重要課題は社会の効用を最大化することだった。その目的のためには、女性にも平等な機会を与えることが必須になる。結果的にミルの視点は女性の機会平等達成の強力なロジックとして機能し、フェミニズムに大きな影響を与えたといえる。

ドメスティック・イデオロギーと第1波フェミニズムの意義

　このような第1波フェミニズムが発展した時期は、国民国家体制の下でヨーロッパやアメリカの中産階級が発展した時期でもあった。イギリスでのありようを典型とし、この時期の中産階級の性規範になったのがドメスティック・イデオロギーと呼ばれるものである。ドメスティックとは、ある範囲の内側を意味する。ジェンダー論の文脈では、しばしば家族を指す（のちに恋人同士などの親密な二者関係にも用いられるようになる）。つまり、家族や家庭

という枠組みを前提に、人々のありようを性によって分ける感覚である。これは、「男は外／女は内」でおなじみのものである。ドメスティック・イデオロギーを少し詳細に言い換えれば、男性は公的な存在、女性は私的な存在ということになる。男性は社会で政治的・経済的・社会的活動を主におこない、女性は家庭内で家事や育児などの生活を維持するための活動をおこなうという性別役割分業を規範的に支えるのがドメスティック・イデオロギーである。

そして第1波フェミニズムは、このドメスティック・イデオロギーを必ずしも排除しないという性格をもっていた。第1波フェミニズムの焦点はあくまでも社会のなかでの権利と機会の平等であり、公的な領域での女性の活動を妨げるような法律や制度を問題としていた。[2]第1波フェミニズムは、やがて女性参政権獲得運動に表象され、集約されていった観もある。日本で戦前に女性解放をうたった運動も、婦人参政権獲得運動など、制度的な平等、そして男女同権を求めることを中心に目指して展開した。第1波フェミニズムは、このようにリベラリズムを基盤にしていたため、主に法的・制度的な平等を焦点化したもので、この点はのちに批判されることになった。実際には、法的・制度的な平等だけでは、解決されない問題が数多く残ったからである。

とはいえ、第1波フェミニズムのもつ意義は大きい。何といっても、それは「はじめの一歩」だったからである。すべてはここから始まったのであり、当時の社会状況を考えれば、相当に先進的・革新的な議論だったことは間違いないだろう。

（2）　ただし、第1波フェミニズムのなかで恋愛（自由恋愛）という概念も発達したことは重要である。自由恋愛とは、現在の恋愛の概念とほぼ同じものである。それ以前の婚姻で一般的だった家や血族の拘束から逃れ、女性自身の内側からの意志で親愛をはぐくむという恋愛のビジョンは、私的領域でのリベラリズムの徹底でもある。リベラル・フェミニズムの視点は、公的領域に焦点化したものとして理解されることが多いが、私的領域も問題にしていたのである。

3 | 第2波フェミニズム：1——私的領域への注目

第2波フェミニズムの必然性

　第1波フェミニズム、とくにリベラル・フェミニズムは、公的領域での制度的平等に焦点化するものだった。それは両性の平等を実現するための基本的条件である。制度的平等なくして、性差の不平等が解決することはない。しかし制度的な平等の実現だけでは、女性たちが現実に直面している不平等は解決しなかった。第二次世界大戦後、多くの国で女性に対する制度的な不平等は解消され、法律上の地位や選挙権、社会権も平等になった。しかし、現実の女性は不平等な状況に置かれたままだったのだ。したがって、リベラル・フェミニズムとは別の考え方やアプローチが求められるようになった。そのような状況のなかで、1960年代には私的領域に焦点を当てて不平等を考える議論が登場する。それが、第2波フェミニズムである。現在のジェンダー論は、基本的には第2波フェミニズムの一部ともいえるし、少なくともその影響下にある。第2波フェミニズムが提起した諸問題は、現在も議論され続けている。

「名前のない問題」という問題

　そうした議論のきっかけになったのは、ベティ・フリーダンの『新しい女

（3）　第2波フェミニズムが1960年代に登場した背景として、アメリカ合州国（合衆国）での公民権運動の影響がしばしば指摘される。当初アフリカ系住民の権利拡大を目指して始まった公民権運動は、やがて女性解放や環境保護など、それまでのさまざまな価値観や社会秩序を疑う運動として70年代に多様化した。

（4）　フェミニズムの時代的区分については、さまざまな見解があり、本書でそういった区分についての議論をするつもりはない。主なものでも、（本書では詳しく紹介しない論点だが）セックスの構築性というテーマの登場以降に現れたものを第3波とするものや、社会的な運動との関わりによって第4波までを区分している議論もある。しかしいずれの議論でも、第2波までについての認識は共通している。そしてジェンダーと権力という観点から考えると、現在のジェンダー論の諸論点は第2波の影響下にあることは間違いないと思われる。

性の創造』（1963）だった。フリーダンは、アメリカ都市部郊外の住宅地に住む中産階級の専業主婦を中心にした調査で、彼女らが共通の「名前のない問題（得体の知れない悩み：The Problem that has No Name）」を抱えている実態を発見した。それは、主婦としての細切れの労働や生活がもたらす倦怠感、疎外感、満たされない思いなどである。これらの症状はまた、女性たちが個人として認識されないことと関係したものでもあった。当時の女性たちは、親密な誰かとの関係性でしか社会に認識されていなかった。たとえば、「○○さんの奥さん」「△△ちゃんのママ」という具合である。家事労働をこなすことは当然だとして評価されないうえに、感謝もされない。さらに、このような不安や不満を訴える相手もいない、という状況である。アメリカ中の都市郊外の住宅地に、1人でそういった悩みを抱え、誰とも共有できずに分断されている女性が数多く存在していることが発見されたのである。

　そのような状況がごくわずかの女性たちにしかみられないならば、個人的な問題かもしれない。しかし実際には、同じような悩みを抱えた女性たちがアメリカ中に存在していた。つまりこれは構造的な問題だということになる。フリーダンはこれを「名前のない問題（得体の知れない悩み）」と名付けた。実際には、女性たちはこの悩みを周囲に訴えていた。夫や家族、精神分析家、カウンセラーなどにである。しかし当時のこれらの職業はほとんど男性によって占められていて、彼らは男性であるために根本的な問題が存在していることに気づくことができなかった。女性たちがカウンセラーに相談しても「あなた、郊外の芝生やプール付きの家に住んでいて、それで満たされないなんて贅沢ですよ」「倦怠感？　気のせいですよ」といわれるというわけだ。男性たちは、男性であるために女性たちの問題に気づけない。この認識差が女性たちをさらに孤立させてきた。問題はそこにあったのに、男性たちにスルーされ、名付けられてこなかったという意味で「名前のない問題」なのである。

　フリーダンの研究は、ジェンダーの権力作用を考えるうえで、さまざまな示唆に富んでいる。なかでも重要なのは、女性たちから言葉や概念が奪われている状況を指摘したことである。精神分析やカウンセリングなどに代表される知的権力や権威によって、女性の悩みやそれについての認識が抹消されてしまう状況。その結果、ときにはそのような悩みを抱える自分のほうがおかしいのではないかと、女性に自分自身を疑わせるような状況。それらの状

況はそこに置かれた女性の自己肯定感をさらに低下させ、それによって男性の地位がいっそう補強される構造をもっていた。そして名前が付けられておらず、言語化されないために、そのような悩み自体が存在しないに等しい状況が再生産されつづけてきた。男性たちは、名付けないことによって、女性たちの悩みの存在そのものを黙殺・抹消してきたのである。さらに同じ悩みを抱えながらも、女性たちはそれぞれの家庭に分断されていて、悩みを女性同士で共有できない状態にあると指摘された。この認識は、のちに女性解放運動などの女性の集合的な共通認識の形成や連帯という志向を導くことになる。

　この議論の最大の功績は、リベラル・フェミニズムでは問題化されていなかった私的領域に焦点を当てて議論したことにあるだろう。つまり、制度よりも"こころ"や"あたま"が問題である、ということだ。フリーダン自身はリベラル・フェミニズムの影響も強く受けていると思われるが、現実の不平等のありかとして私的領域に注目したことは、その後の第2波フェミニズムへの道を開くきっかけになった。

4 ｜ 第2波フェミニズム：2——性支配

ラディカル・フェミニズム

　第2波フェミニズムは、その内容が多様で論点や視点も多岐にわたっていることが特色である。それらのすべてをここで紹介することはできないが、ここではラディカル・フェミニズムとマルクス主義フェミニズムの議論を簡単に紹介したい。この2つを紹介するのは、ジェンダーの権力作用を考えるにあたってとくに重要だからである。第1章でコロニアリズム／ポストコロニアリズムの枠組みについて解説した際、ジェンダーにおいて資源化される"植民地に相当するもの"は女性のリプロダクション能力と労働力であるとした。これから採りあげる2つの議論は、その機序をわかりやすく説明するものである。

　ラディカル・フェミニズムと呼ばれる一群の議論では、リプロダクションの資源化が大きな論点になった。ラディカルとは、急進的で根源的・根本的

という意味である。ラディカル・フェミニズムは、女性は女性であるという根源的な理由で差別や支配を受けていると指摘した。これはリベラル・フェミニズムの議論からの鮮やかな転換である。リベラル・フェミニズムで焦点になったのは、基本的には制度的な機会の不平等だった。しかしラディカル・フェミニズムが問題にするのは、すべての社会的場面と社会的関係である。ラディカル・フェミニズムによって、性別というカテゴリー自体とそれに付随するすべてが分析対象になったのだ。このような支配関係のあり方は「性支配」と呼ばれる。

　ケイト・ミレットは、『性の政治学』（1970）で、政治や経済などの公的領域はもちろんのこと、社会、教育、家族、恋愛など、すべての場面で男性（とくに父権制）の支配原則が貫かれていることを、文学作品やフェミニズムの歴史を検討することで論じた。なかでも、性愛の領域の作法や構造が男性支配と深く結び付いているという指摘は重要だった。私的領域での男性の優位性の経験によって、女性が男性に従属する構造が再生産される。こうした理解を踏まえると、世の知識のあり方、学問や科学の体制、そして社会や世界を支えていると考えられてきた世界観そのものにも男性中心主義が埋め込まれていて、その結果として男性の優越性が作られてきたことがわかる。

　このような知識とシステムが蔓延している世界では、女性個人で抵抗や挑戦をするのには限界があるだろう。ミレットは女性同士が置かれている状況を共有し、状況を変えるために連帯・協働する必要性も指摘した。つまり、女性たちの集合的（collective）な意識変革の必要性である。ミレットは、集合的な意識変革が女性解放に社会運動としてのパワーを与えることを論じた。この点が、ラディカル・フェミニズムが従来のリベラル・フェミニズムで展開された制度改革運動や権利獲得運動と明確に異なるところである。ラディカル・フェミニズムが提起したのは、権利や制度の獲得だけでなく、女性たちの意識の変革であった。ラディカル・フェミニズムの影響を受けた社会運動は、思想運動になったのである。このことの意義は、その後の女性たちの意識の変化を考えれば非常に大きいものだったといえる。

生殖への注目

　ラディカル・フェミニズムの議論のなかでも、私が個人的に最も"ラディカル"な特徴が際立っていると感じるのは、シュラミス・ファイアストーン

による議論である。ファイアストーンは『性の弁証法』（1970）で、生物学的な知識による性の支配について論じている。これは、生物学的不平等を基盤にした両性の不平等を告発する議論である（あくまでも生物学的な知識による不平等であることに注意）。

　ファイアストーンは、リプロダクションが労働や家族の分業を形作るものの基本にあると指摘する。女性解放のためには、利用可能なあらゆる手段を使用して、生殖を基盤にした生物学の暴虐から女性を解放し、出産・育児の役割を男性も含めて社会全体に解放しなければならないと説いた。このリプロダクションという生物学的役割からの解放によって、母子の肉体的相互依存が解消されれば、経済的独立も含めた女性と子どもの完全なる独立が達成でき、女性と子どもをより幅広い社会のすべての面に組み入れることが可能になる。そのためには、子どもを社会から締め出す制度（たとえば学校など）も解体される必要があるという。それらの結果として、すべての女性と子どもに性的な自由がもたらされるが、そのような解放は、科学技術と機械化による作業の代替で可能になると論じた（Firestone, 1970=1972: 256-258）。

　ファイアストーンの議論は、出産の主体に男性をも取り込み、学校の解体も含めた子どもの解放を唱えるなど、ラディカルさが際立っている。正直なところ"やりすぎ"という気がしないこともないが、ラディカルとはそういうことである。しかし、ファイアストーンの議論の意義はラディカルなその主張の内容そのものより、そのラディカルさが社会に視点の転換をもたらした点にある。

　たとえば、妊娠・出産の可能性がある女性は労働力として不安定だとみなされ、それがない男性は労働力として安定的で優位だとされてきた状況や、労働力としての評価が男性による女性支配を容易にしてきた事実を明らかにしたこと。そして、女性はリプロダクション機能が備わっていることを理由にして、男性に支配されている状況があると明らかにしたこと。これらの知見は、女性が生物学的な知識によって支配されているという事態への注目を呼び起こした。社会に進出する女性が増えるにつれ、ある時点でそれ以上の活躍が理由の不明なままに制約される「ガラスの天井」の存在が問題になってきた。上に昇ろうとしても、あたかもガラスの天井が存在するかのように跳ね返されてしまい、根拠の不明確なままに女性の地位が停滞してしまう現象である。ファイアストーンの議論は、ガラスの天井がどこに存在している

のか、その所在の一つを明らかにするきっかけになった。ガラスの天井はみえないからガラスの天井でありつづけてきた。しかし、ファイアストーンがリプロダクションと労働形態という所在を示したことによって、それは可視化され、少なくとも認識可能なものになり、ガラスではなくなった。

　つぎに、生殖が女性解放の焦点であることを明らかにしたことである。身体や生殖に対するコントロールを女性自身が獲得することの重要性を認識させ、女性自身の身体に対する所有権・管轄権、のちに自己決定権として整理される論点への注目を促したことも、大きな意義である。たとえば避妊行為について、それまでの男性が決定権をもつ避妊の方法に限定されるのではなく、ピルを使用することで女性自身が妊娠という人生を左右する身体的変化をコントロールすることが可能になった。その背景には、女性の身体と生活は女性自身によってコントロールされるべきだという発想があるが、そのような発想が一般化する土台には、ファイアストーンのラディカルな議論が存在していたと思われる。ファイアストーンの議論は、身体を通じた男性の支配から女性を解放するという意義をもっていたのである。

　ファイアストーンの議論が興味深いのは、これらの問題をテクノロジーによって解決する可能性も含めて論じた点である。この議論は1970年に提起されたが、当時は空想的な議論ともみなされ、SF的フェミニズムなどとも呼ばれたそうである。また、科学技術に対する楽観的な信頼感があることも批判された。テクノロジーによって社会状況を根本的に解決しようとする視点は一種の技術決定論であり、さまざまな倫理的問題や社会的な論点を捉え損ねる危険性があることは確かである。

　しかし状況は変わってきた。1970年当時には空想的だと思われた技術も、現在ではある程度のリアリティをもつようになった。たとえば人工生殖については、すでに不妊治療という形態で商業的に確立した技術になっている。第2章「ジェンダーを考えること：2──ジェンダーのポリティクス」でもふれたように、現在の幹細胞研究やクローン技術をもってすれば、人工子宮（ファイアストーンは人工胎盤と表現していた）も技術的には可能になりつつあるだろう。人工的な出産についての倫理的コンセンサスが社会で成立していないため、まだ実践されていないだけである。このように、かつては空想的・SF的と思われた議論も、いまや現実的なテーマになりつつある。もちろんこのことは、女性解放への要求や産業社会への進出のあり方、社会

の倫理観、それらを受け止める制度などを含めて議論する必要がある。しかし、そのような議論が遠からずより現実的なものになることは間違いなく、ファイアストーンの先見性は今後再評価されるだろう。

　ファイアストーンの議論は、生殖を基点にし、両性の関係性、子どもや家族も含めた社会のありようの根本的な転換の必要性を論じたものだった。つまり、世界観そのものを大胆に刷新することを求める議論である。一方で、フィクションの世界では、すでに第3の性（オメガバースなど）の設定などがとくに珍しいものではなくなり、フィクションの世界が前提とする価値観は現実世界の価値観と連動して相互に影響を与えている。ファイアストーンが描いた解放は、われわれの感覚にとって格別にとっぴなものではなくなりつつある。さらに、彼女の自然観も重要である。ファイアストーンは自然を所与のものとは考えなかった。彼女は生態学運動について、「破壊された《自然》のバランスを建て直すために、人間と人間の創り出した人工的な環境の中に望ましい人類の平衡状態を作り出すこと」であると論じ、それは女性解放運動と同じ目的をもつと指摘している（Firestone, 1970=1972: 242）。自然を所与のものと考えることなく、自然と呼ばれるものと人工的なものとの平衡をいかに作り出すか考えることが、女性を解放する糸口だと論じたのである。これは第4章で紹介する、自然の構築性という視点を準備し、先取りするものだったといえる。

個人的なことは政治的なこと

　ラディカル・フェミニズムには多様な議論が存在するが、ラディカル・フェミニズムは、女性差別の解消には性支配の廃絶が必要だと指摘している点で際立っていた。性支配は、労働、家庭、出産など、あらゆる場面に潜んでいて、それらのどれかだけを制度上で平等にしても解決しないのである。とくに性支配は、政治や労働などの公的領域だけでなく、家族や性愛などの個人的なものだと思われている領域（私的領域）にも及んでいるという指摘は重要だった。なかでも愛情の関係や性愛のなかでの性支配は、男性の自己確認の手段であると同時に、女性を他者化して、従属させるきっかけを作っているという議論は、それまでの女性解放の考え方を一変させた。最もプライベートなものだと思われてきた愛や性の領域こそ、最も政治的な領域だとされたのである。

ラディカル・フェミニズムで、しばしば性的自由（性的リベラリズム）や性の解放（性的なリベレーション）が強調されたのも、このような理由による。これは、女性が内なる声に従って"自由"に生きるためには、愛や性の領域でのリベラル化を必ず伴わなければならないという趣旨であり、それは論理的にきわめて正しい。当時の男性たちや男性中心的なメディアは、性的自由を掲げる女性解放運動を色情狂の集団のように揶揄したが、それはとんでもない誤解だった。性の解放要求は、理路整然とした厳密で論理的かつ思想的な運動だった。

　ラディカル・フェミニズムの視点を経て、女性の経験は、私生活領域にまで及ぶ性支配の文脈で理解されるべきものになった（男性の経験も同様である）。第2波フェミニズムを象徴する言葉として「個人的なことは政治的なこと（The personal is political）」という有名なフレーズがある。夫にお茶をいれたり、食事を作ったり、男性の発言に対して自説を引っ込めたりという何げない日常の経験こそが「政治的行為」だという意味である。ジェンダーの権力作用においては、朝から晩までこのような小さな政治が繰り返されていて、その結果として性支配が確立し、維持されている。その基盤として性別というカテゴリーが存在していて、そのカテゴリーを基盤にした支配と権力が成立しているのである。したがってそれを変更するためには、集合的な行為が必要になる。このように考えれば、公的／私的、政治的／個人的というふうに区分して認識する視点そのものが、女性の自己主張や自己認識を妨げてきた可能性があることが理解できるだろう。

5 　第2波フェミニズム：3――労働への注目

マルクス主義フェミニズム

　つぎに紹介する第2波フェミニズムの潮流は、マルクス主義フェミニズムである。これは労働力に焦点化する議論でもある。マルクス主義フェミニズムの特色は、呼び名のとおり、女性支配の機序をマルクス主義の論理を用いて解き明かそうとした点にある。マルクスの議論によると、労働者はその労働によって付加価値を生産するが、生産した付加価値のすべてを対価として

受け取ることができない。労働者が対価（賃金）として受け取るのは、彼女／彼が生産した付加価値の一部にすぎず、残りの付加価値は資本家が資本として蓄積することになる。たとえば原材料費50円の飲料があるとする。工場設備や広告費などその他の経費が5円で、それが100円で売れるとする。そうなると、55円の価値が100円へ価値が増えたわけで、45円分は新たに追加された付加価値にあたる。この45円分は、労働者が生み出したものである。

　しかし、労働者がその全額を受け取ることはない。せいぜい数円程度だろう（たとえば5円としよう）。すると、残り40円分は企業の利潤になる。話を単純化するため、内部留保を除外して考えると、この40円分は資本家（企業の所有者や株主）の利益になり、その利益のなかからさらに設備投資などをおこなって生産規模を拡大すれば、雪だるま式に資本家の利益は増えていく。その一方で、同じ作業をするかぎり労働者の賃金は変わらず、豊かになることはない。いわば、資本家は労働者が生み出した価値（この例では40円分）のピンハネをしているということになる。このピンハネ分が資本主義の仕組みを支えている。こうした価値の蓄積が資本家と労働者という階級を発生させ、発達させたとされる。ちなみにマルクスは、この価値のピンハネのことを「搾取」と名付けている。

　マルクス主義フェミニズムは、この価値の簒奪を男性と女性に当てはめて解釈する。男性と女性の関係は、階級（資本家と労働者）にたとえられる。この関係性でピンハネされている価値を生産する労働こそ、家事や育児などの維持労働である。これは本来、労働市場に出せば対価を得られるはずの労働である。たとえば、食事を作る作業は、弁当屋でバイトをすれば調理業務になり賃金を得ることができる。子どもの世話も、ベビーシッターとして働けば賃金を得られる労働である。しかし、それらは家庭内では女性に対して無償で課されている。このような労働は不払い労働（アンペイドワーク）と呼ばれる。つまり、男性と男性中心の社会は本来支払うべき女性の労働対価を、無償で受け取っていることになる。

　女性の労働を無償で受け取っているのは個人としての男性たちだけではない。産業社会もまた同様である。たとえば企業が工場を稼働するとき、設置した機械などをメンテナンスするのは当然のことである。油を足したり、傷んだ部品を交換したりする費用は企業がコストとして負担する。しかし労働

力のメンテナンスという点を考えると、企業はそのコストを払っていないことになる。夜遅い時間の電車に乗れば、疲れきって居眠りしながら帰宅する人々を目にする。彼女／彼がそこまで疲弊しているのは、勤務する企業などの利益を追求して労働したからである。それらの労働者は、家に帰って翌日に備えて休む。その時間は、労働力のメンテナンスの時間である。ところで、これまでその作業は主に誰が担ってきたか。婚姻が当たり前で、しかも妻の多くが専業主婦だった時代、その作業は女性が担当していた。1日の労働で疲れた夫に風呂を沸かしたり、食事を用意したり、風呂上がりにはビールの1本に枝豆でも付けてやったり、そしてふかふかの布団で寝かせてやる。その結果、朝までに夫の労働力はチャージされ、翌日のフル労働が可能になる。しかし、これらの作業はタダでおこなわれている。産業社会は、労働力のメンテナンス作業を妻という立場にある女性たちに、払うべき対価を払ってこなかったといえる。

　また、企業が新製品を開発する場合、普通は開発プロジェクトチームを立ち上げて試作品を作り、モニターを雇って感想を聞くなど、手間暇をさまざまにかけて発売するにいたる。当然ながらそれらの開発費は企業が負担する。しかし次世代の労働力について考えると、企業はその"開発費＝育成費"を負担していないことがわかる。一般に子どもの育成は家庭の領域だと考えられているからである。ところで多くの場合、育児や子育ては誰が担当しているのか。これまた母と呼ばれる女性たちである。そしてまたしてもタダで、である。産業社会は世の母親たちに対価を支払うか、「タダで労働力を育成していただいてありがとうございます」と感謝くらいすべきである。しかしそれどころか、その子どもたちを新人採用するにあたっては「採用してやってもいいよ」というような上から目線で対応することも少なくないのである。このことの傲慢さはもっと指摘されるべきである。

タコのウインナー格差

　このような不払い労働はなぜ可能なのだろうか。普通、誰だってタダ働きをさせられれば怒るだろう。きちんと賃金を支払えと要求するにちがいない。しかし家事や育児について、その対価を妻や母が求めたという話はあまり聞かない。この無償化を可能にしているのが、愛情というロジックである。ある行為が労働ならば対価は発生するが、愛情の表現であるならば対価

は生じないからである。

　新婚ホヤホヤの夫がお手製の愛妻弁当を会社に持っていけば、周囲から「アツアツだね」と冷やかされるかもしれない。しかし毎日コンビニ弁当であれば、周囲から心配されるかもしれない。タコのウインナーが入った愛妻弁当と、コンビニのお弁当。それらのいったい何が違うというのだろう。午後から夕方までの労働のためのエネルギー補給という点では、どちらも大差はないとも考えられる。近年のコンビニのお弁当には栄養バランスが考えられているものもあり、むしろ下手な手料理よりも健康にいいかもしれないくらいである。しかしそれでも、現在でも、タコのウインナー入り愛妻弁当の地位はコンビニ弁当より優位である。もちろん、タコのウインナー自体のもつ価値ではない。たとえコンビニ弁当にタコのウインナーが入っていたとしても、その価値は愛妻弁当に入っているタコのウインナーには遠く及ばない。この「タコのウインナー格差」は、いったい何に由来するのだろうか。

　それは、タコのウインナーが備えている意味の違いである。コンビニ弁当のウインナーは商品である。それを手に入れるために必要なのは対価（お金）である。それに対して、愛妻弁当に入っているタコのウインナーは商品ではなく愛情表現である。ウインナーをタコのかたちに加工する手間は、コンビニ工場では労働者（最近は機械だろうが）による労働であるのに対して、愛妻弁当の場合は愛情表現という意味づけがなされるものである。したがって対価は必要ない。ウィンナーをタコ形に加工するという同じ作業であってもだ。

愛＝労働

　労働を愛の表現と解釈し置き換えることによって、女性の労働力が搾取されているという指摘は、女性の労働力をめぐる状況をわかりやすく説明するものである。マリアローザ・ダラ・コスタは、この機序を「愛の労働」と名付けている。これは、女性の労働力の無償化を、女性自身にも当然のこと、望ましいこととして受け入れさせ、男性はその労働を当然のこととして受け取るという「タダ働き」のトリックを見事に解き明かす。

　考えてみれば、この世で愛情と呼ばれているものは、そのほとんどが労働として計測可能なものである。愛する夫のためにお弁当を作る、病気になった子どもの看病をする、年老いた親を介護する。これらは、基本的に愛情を

根拠におこなわれる行為と解釈される。「子どものことは心から愛している
が、料理が壊滅的に下手なので3食をファストフードですませています」と
いう母親がいれば、世間は愛情不足と断じるだろう。本当に料理が壊滅的
で、子どもの安全のためにはファストフードを食べさせるほうがマシだった
としてもである。ファストフードに愛情は込められておらず、手作りの料理
には愛情が込もっていると解釈されているからである。そのように考えれ
ば、愛情の表現とされているものは、そのほとんどが労働力の投入量、ある
いはそれと換算可能な貨幣によって計測可能である。つまりこの世の"愛
情"とは、四則演算が可能な概念である。そのような単位は現実には存在し
ないが、たとえば愛情を計測する単位があれば、「今日はタコウインナー入
り愛妻弁当で150ラブラブだったけど、昨日は手抜きの弁当で20ラブラブ
だったから、今週は平均で85ラブラブだったな」などと（論理的には）平均
値さえ計算できるものなのである。

　労働が愛情表現として無償化されているという指摘は、このような構造を
明らかにした。一方で、資本主義の発達は世の中のすべての労働や商品に対
価を付ける。そのような状況で、対価の発生しない家事や育児は、対価が発
生する労働に比べて労働としての価値が低いとみなされがちになる。それは
不当な評価であり、対価が発生する労働を主に男性が担っていることが、著
しい不均衡を生んでいる。しかし不当であっても社会の物事の価値を男性が
決めてきた状況では、そうした評価は正当なものとして流通してきた。その
ため対価が支払われない労働に従事する女性に対しても、男性より一段低い
労働力とみなす視点が蔓延してきたといえる。まさに女性労働力の"搾取"
である。しかもその搾取は、愛情というロジックを経由することで、女性自
身にさえ違和感なく受容されてきたのである。

家父長制と資本主義の共犯関係

　家事労働を女性の本質に基づく愛情の発露による労働とみなして無償化し
たことは、女性の労働力を搾取する基盤になった。つまり、マルクス主義フ
ェミニズムは、家庭こそ女性の労働力を無償化する権力装置だと指摘したの
である。近代の家族や家庭は、家父長制(5)を基盤に、女性の労働力を無償化す
る装置でもあった。このことは、先に論じた男性労働者のメンテナンス、次
世代の労働者である子どもの育成などが、愛情を根拠として妻や母である女

性に課されてきたこととも対応している。

　かつて日本には「女性はクリスマスケーキだ」という言説があった。これは「女性は25歳を過ぎると婚活市場で売れ残る。したがって24歳までに相手を必死に見つけなさい」という警告を、12月24日までが販売のピークであるクリスマスケーキにたとえて発したものであった。つまり、「25歳までに結婚できなければ、より若い女性たちに結婚（婚活）市場を席巻されて退場を余儀なくされ、その後はなかなか結婚のチャンスが回ってこなくなる」ということを意味していた。この言説は、女性が企業で単純労働力として低い賃金で働き、若くして結婚し、会社を辞めて家庭に入るという習慣と対応していた。ところで、なぜ25歳なのかには理由があった。戦後日本社会の標準的な給与体系は男女別に定められていた時期が長く、のちに総合職／一般職という区分に変わったが、それでも事実上の性別職制が続いていた。この時期の給与体系は、たとえば入社3年目に昇給し、その後は2年ごとに昇給するものが多かったという。高卒18歳で入社した場合、昇給タイミングは、21、23、25歳である。短大卒20歳で入社した場合は、23、25歳。大卒23歳で入社した場合、25歳が初昇給のタイミングになる。つまり25という数字は、すべての女性社員が一斉に昇給するタイミングなのである。女性社員に男性の補助的な仕事しか与えていなかった当時の企業からすれば、25歳のタイミングで女性に辞めてもらい、より安い賃金で雇える若い女性を替わりに入社させるほうが都合がよかったのである。

　当時の給与体系では、女性社員の給与は26歳で頭打ちになる会社も多かったという。つまり、それ以降は何十年勤務しようと、給与は変わらなかったのである。給与については「いつまでも若くていいですね」といってすますわけにはいかないだろう。その結果、多くの女性は25歳までに勤務を終えていたのである。女性たちが25歳になって困るのは、"売れ残る"女性のほうではなく、むしろ企業のほうだった。そして25歳までに退職し結婚した女性たちを待っていたのは、家庭での無償労働である。夫である男性労働

（5）　家父長制とは、フェミニズムやジェンダー論で頻繁に登場する用語で、男性の家長が家の決定権を保有するような制度・慣習を指す。また相続でも年長男性の優位がしばしばみられる。さらに拡大して、社会での組織のありようや社会で支配的な価値観に対しても、（しばしば年長の）男性の影響力や決定権が大きい様相を表す多義的な用語である。

者のメンテナンスと次世代労働力である子どもの育成。これらを愛情の行為として無償化し、その果実はしっかりと産業社会が受け取っていた。企業に勤務しているときから、退職し結婚して家庭に入ったあとまで、女性の労働力を継続的に安くあるいは無償で"搾取"するシステムが出来上がっていたといえる。[6]

マルクス主義フェミニズムの意義

　マルクス主義フェミニズムの意義は、労働と労働が生み出す価値を搾取することが、女性を支配するポイントであることを示した点にある。これは、女性の労働力を対象にしたコロニアリズムの状況であるということをわかりやすく説明するものである。愛の労働という欺瞞（トリック）もそうした事態がどのように成立しているかを鮮やかに暴くものだった。また、家族（家庭）と資本主義の連続性を、労働力の無償化という視点から明らかにしたことも重要である。ここでも、公的／私的という単純な区分が、現実の正しい把握を妨げていることを指摘したといえる。

　ただし、労働と価値を社会階層（階級）形成の基盤として考えるマルクス主義の限界を、マルクス主義フェミニズムもそのまま継承してしまったという批判や、文化的な性支配の契機を軽視しているという指摘もあった。つまり、労働が平等になれば性支配は解消するのかという疑問である。もちろん、労働と経済的な側面の問題解決だけでは性支配は解消しないだろう。この点で、マルクス主義フェミニズムは、ラディカル・フェミニズムのような包括的な議論ではないといえる。しかし包括的な議論ではないから意義がないかといえば、もちろんそんなことはない。労働力を基軸にした家庭と産業

（6）　のちに女性の初婚年齢が上昇するにつれ、クリスマスケーキに代わって、年越しそば（31歳）などが同様のモチーフとして用いられたものの、このような状況は、総合職として生涯を通じて働く女性が増え、また晩婚化・非婚化が進む現在では過去のものになりつつある。しかし一方で、クリスマスケーキなどといわれていたころは、一般職・事務職とはいえ女性も正規労働者だった。現在では女性の非正規雇用化（派遣労働者化）が急速に進行し、女性の雇用をめぐる状況はより厳しいものになってしまった。これはグローバル化とも関連する論点のため詳細は省略するが、クリスマスケーキなどといっていた時代はむしろのどかで平和だったとさえ思えるほど状況は悪化している。

のあり方の整合性に着眼すると、女性の労働力の収奪が女性への支配の重要な手法であることは間違いない。これらの機序を明確にしたことには、とくに権力作用の解明という点からは大きな意義がある。

さらに、マルクス主義フェミニズムは重要な視点をジェンダー論にもたらした。それは女性の分断という論点である。女性の分断は、ベティ・フリーダンの議論やラディカル・フェミニズムでも指摘されていた（だからこそ集合的意識変革の必要性が説かれていた）。しかしマルクス主義フェミニズムが明らかにした分断は、より具体的な利害と結び付いたものだった。それは専業主婦と女性の賃金労働者という対立である。この対立は、日本でも古くは大正時代の母性保護論争のころから続いている女性の分断である。専業主婦と職業婦人（古い言い方だが）の対立という図式は、女性の価値観や生き方の対立と捉えられがちだが、マルクス主義フェミニズムの視点を経ると、家事労働などの無償化と女性の労働力搾取の問題が背景にあることがわかる。

専業主婦とは労働力を搾取される存在であり、男性と同等に働く女性は間接的にであれその恩恵を受ける立場にある。女性の無償労働によって支えられる男性労働力を基盤にして労働し、男性たちと同等の給与を受け取る女性たちは、彼女ら自身が女性たちから直接メンテナンスを受けることはなくても、女性の無償労働を前提にした産業システムに"便乗"している存在と、専業主婦には映るかもしれない。いわば自分の労働力をピンハネする側であり、しかも自分の命綱である男性労働者（夫）の潜在的競争相手にもなりうる存在である。また、女性の社会進出によって、巡り巡って自分に還流してくるはずの分け前は減ってしまうかもしれない。そのため、生き方や価値観の違いなど以上に、潜在的ではあるが、具体的な利益相反関係が存在しているようにもみえてしまう可能性がある。

一方で働く女性たちは、男性たちのように家に帰ってメンテナンスを受けられるわけではないので、女性の無償労働を搾取しているという実感をきわめてもちにくい。その結果、働く女性に対する専業主婦のいら立ちはひがみによるものであり、劣等感のためにしつこく絡んでくるやっかいな人たち、自立心に乏しく男性依存的な女性であり、さらに専業主婦として家庭に入りたいという女性が多いことで、男たちから「女はすぐ仕事をやめる」などと偏見をもたれるきっかけを作る、自らの足を引っ張る存在と映る可能性がある。

もちろん、これらは相互の誤解である。お互いに批判しあっている女性た
ちが、もし現状を批判しようとするならば、その矛先を向けるべきは、その
ような対立を強要している男性たちである。専業主婦たちが問題にすべきな
のは、自らの労働を無償化している男性や男性中心的な産業システムのほう
であって、そのなかで周辺化されながらも必死に頑張って働いている女性た
ちではない。彼女らもまた、男性に比べて産業社会で労働力を買い叩かれ、
搾取される側である可能性が高いからである。また、働いている女性は、専
業主婦の無償労働を土台にして長時間の労働が可能になる男性の働き方を問
題にして、家庭内に閉じ込められている多くの女性を社会に進出させること
を考えるべきである。それはピンハネをしている男性の取り分を支える妻た
ちの無償労働を問題にすることによって、構造的な変革が可能になる問題で
ある。
　そしてより重要なことは、このような対立は男性間では起こらないという
ことである。男性間では、能力や評価をめぐる対立や階層による対立は起き
ても、男性であることに起因する労働をめぐるこの種の対立は存在しない。
存在しない理由は、男性のほうが労働力として女性より優れているからでは
なく、単に男性が無償労働から解放されているからにすぎない。働く女性と
専業主婦という対立の根源は、女性の無償労働である。無償化された労働価
値の行き先と分配をめぐる、しかも周辺化された対立なのである。
　この点は再びコロニアリズムと関わる論点である。植民地主義の基本的な
態度は分断支配である。支配者は被支配者の利益を分断し、相互に争わせ
る。被支配者がいがみ合い、互いに憎しみあっている間は、その矛先は自ら
に向きにくい。支配者が最も恐れるのは、被支配者が連帯して自分に向かっ
てくる事態である。したがって被支配者双方がけっして共感し合わないよう
に、利害を分断し、相互に憎しみあわせるのである。マルクス主義フェミニ
ズムの分析は、男性たちの女性に対する分断支配が労働力の無償化を基軸に
展開していること、男性中心主義の資本制度や産業システムと家父長制が手
を取り合って女性の分断に執心してきたことを明らかにしたのである。

解説3　リベラリズム

　リベラリズムは、近代市民社会を成立させた基本的な原理の一つである。それは、近世までの神と教会を中心にした世界の秩序からの転換として理解できる。近世までのヨーロッパでは教会の力は大きく、富も所有していた。それは、この世界は神が創り、神のために存在しているという世界観が背景に存在していたからである。やがて、人間を世界の中心に据える考え方（人間中心主義やヒューマニズム）が登場する。この世の主役は神ではなく人間である、という発想である。このような考え方は当初は異端とみなされ迫害もされたが、やがて人々の共感を集めるようになる。教会の権威を背景に支配していた王族や貴族への不満と重なり、人々は近代市民社会へと向かっていくことになる。

　そのような経緯のなかで、新たに世界の主役になる人間とはどのような存在かについて議論されるようになる。それまでの人間とは、端的にいえば神によって創られ、神によって存在させられ、神の意志を体現することを理想にした存在だった。しかし神は近代市民社会への転換ののちにも宗教的な存在であり続けたが、以前のような世俗的な行動の決定をする存在ではなく、世俗の権力機関としての教会の力は失われていく。たとえ神の意志に従って生きるにせよ、以前のように教会の指示にただ従うのではなく、自分自身でどう行動するかを考えなくてはならなくなる。このような発想の転換には、『聖書』重視のプロテスタント（新教徒）の登場も影響している。

　神（教会）の指示に従って生きるのではなく、自分で考えて生きる人間。それが近代人である。近代社会はそのような人間が集まって形成される。そのためには、近代人は、神の声ではなく、自らの内なる声に従って生きる必要がある。そのような状態をリバティ（自由）という。リバティを自由と訳したのは福沢諭吉だとされるが、神を理由にするのではなく、自らを理由（＝根拠）にして生きること、それがリベラルという状態であり、この論理をうまく訳出しているといえる。近代社会では、人々は新たに自我や自己というものを意識することになった。人間の行為は、神ではなく自らの「内なる声」に支配されることになったからである。その「内なる声」の基本的な分析概念が自我や自己であり、

社会学や心理学をはじめとする多くの学問がその自我や自己と社会との関係を解き明かすことを大きな課題にしてきた。

　本章でもふれた第2波フェミニズムの激流は、1970年代にウーマン・リブ運動として社会化した。これは女性解放運動とも呼ばれるが、ウーマン・リブの「リブ」はLiveではなく、Liberationである。つまり女性を解放することは、女性をLiberationすること、リベラルにすることなのである。女性も「内なる声」に従って生きるべきだという運動だった。ウーマン・リブでは、男性の声や家族の声という他者の声ではなく、自分自身の声にだけ従って生きることを、解放と呼んだのである。これは男性たちには許されても、女性は獲得できていなかった生き方だった（この点では男性ははじめから解放ずみだったといえる）。ウーマン・リブ運動も多様なのだが、それを獲得することが運動の基本的な共通点だったといえる。

解説4　良妻賢母

　良妻賢母という言葉には、何か古くさく、前近代的なイメージがあるという人が多いだろう。また、儒教的な男尊女卑思想の表れと解釈されることもあるかもしれない。しかし良妻賢母という考え方は、女性への教育の必要性と密接に関連して発展してきた近代的な発想である。教育は近世まで男性（家長）の役割とされてきたが、男性が家を出て公的領域で活動するに伴って公教育が発達した。同時に家庭教育の必要性が説かれ、その役割が母である女性に割り振られた。そのために母になる女性への教育も必要だと考えられるようになり、女子教育の必要性が唱えられるなかで、その目指すべきモデルとして良妻賢母が意味をもつようになったのである。

　この展開は、先に紹介したウルストンクラフトの議論とほぼ重なるものであり、ウルストンクラフトの女性教育の考え方は、良妻賢母の原型ともいえる。良妻賢母という考え方のなかでとくに重要なのは賢母の部分であり、賢母という女性像の成立は近代社会の性別役割分業の要請の結果である。良妻賢母概念は、女性に教育機会をもたらし、同時に女性

の活動領域を制限するという、矛盾を内包するものだった。またのちに社会が変化していき、とくに産業の発展によって、女性を労働力として家から引っ張り出すことへの産業界の欲望が高まるにつれ、良妻賢母の内容も内職や簡単な職業進出を含むものに変化する。つまり良妻賢母は、社会の状況に対応する流動的な概念でもあった。同時に、家事や子育てを通じて、男性とは別の方法で、女性を一人の国民として統合させる国民化装置としても機能したのである。

解説5　戦争、そしてボーヴォワールとフーコーの影響

　第1波フェミニズムと第2波フェミニズムとの間には、世界恐慌と第二次世界大戦が起きており、フェミニズムはいったん勢いを失ったようにもみえる期間があった。恐慌は人々の生活を危機的状況に追い込み、生活の不安を増大させた。また、1930年代に台頭したファシズムでの男性中心主義とジェンダー役割の重視、および第二次世界大戦とそれに続く東西冷戦は、軍隊的価値観（いうまでもなく男性的なものである）や力への信仰と人々の心が結び付きやすい社会状況を提供しつづけた。一般的に、戦争のような非常時には、男性中心主義的価値観が支配的になりやすい。

　ただし戦時中には、一時的に女性の社会進出が進むことにも注意が必要である。経済活動を支えていた男性たちが戦場へと駆り出され、その穴を埋めるために女性たちが労働現場に引っ張り出されることになる。それまで男性の職場だと思われていた工場や鉄道の運転手などに、戦争をきっかけに女性が次々に就労したことはよく知られている。ただし、戦争が終わって男性たちが復員すると、再び女性たちは家庭に追い込まれることになった。

　そのような状況が一変するのは1960年代後半に登場した第2波フェミニズムによってなのだが、その前に重要な準備をおこなったのが、シモーヌ・ド・ボーヴォワールによる性の構築性の指摘である。ボーヴォワールは『第二の性』で、それまでの性差に対する視点を覆す新たな枠組みを提示した。「人は女に生まれるのではない、女になるのだ」

（Beauvoir, 1949=2023）という一文を目にしたことがある人もいるだろう。この言葉は『第二の性』第2部冒頭に登場するもので、性の構築性を初めに指摘した言葉の一つとして多くの人々に記憶されている。ボーヴォワールが書いたころには構築主義も構築性という言葉も存在していなかったため、ボーヴォワールがこれらの言葉を使用することはなかったが、その意味するところは性差の構築性そのものである。この世界では、第一の性である男性がさまざまな優位性を独占していて、女性には劣等なイメージが付与され（有徴性＝他者性）、そのようなイメージを女性自身が受け入れ内面化することによって、はじめて「女」という存在が出来上がるという指摘である。

　これは性差をめぐる構築性を指摘した最初の言葉の一つである。現在でも、ボーヴォワールが設定したこの構築性の枠組みは有効である。「女」という存在が生まれつき本質主義的に決定されているのではなく、身体のあり方も含めて事後的に構築されるという視点は、現在のジェンダー論の基本になっている。つまり、女性の身体とは存在ではなく、状況なのだ。この見方はそれまでの議論の前提、世界観を百八十度覆すような転換を促すものだった。

　同じくフランスの思想家ミシェル・フーコーは、第2波フェミニズムの動きと同時進行して、第2波フェミニズムのさらなる展開に不可欠な視点を多く準備した。フーコーがフェミニズムやジェンダー論に与えた影響は非常に大きく（たとえばセクシュアリティという概念の提起）、また広範にわたるものなのだが、権力作用との関わりでいえば、権力形成の相互性の指摘がある。フーコーは、監視の視線や監視装置の存在が、処罰を逃れようとする人々を自発的に権力に従うようにさせること（これを規律権力という）、より快適な身体の状況を求めて自らの快適さのために自発的に権力に従う（管理される）存在になること（これを生−権力という）を指摘した。この規律権力と生−権力という視点は、女性が自らジェンダー規範に従う機序を分析する際に不可欠であり、「"こころ"の領域」での支配のありようを解き明かす一助になった。

第3章をより理解するためのブックガイド

　①リベラル・フェミニズムに関心をもった人には、**メアリー・ウルストンクラフト『女性の権利の擁護』未來社（1980）**と**ジョン・スチュアート・ミル『女性の解放』岩波文庫（1957）**^(*)を薦める。リベラル・フェミニズムの研究書は数多くあるが、この考え方については源流に位置づけられるこの2冊にやはり多くの論点が詰まっている。

　②ラディカル・フェミニズムについては、本章で紹介したフリーダンやミレット、ファイアストーンらの議論を参照するのもいいが、**江原由美子『ラディカル・フェミニズム再興』勁草書房（1991）**と、**『ジェンダー秩序 新装版』勁草書房（2021）**の2冊を先に読むと、ラディカル・フェミニズムの問題意識を明確に理解できるだろう。前者が入手しづらい場合は、同じく**江原『フェミニズムのパラドックス』勁草書房（2000）**、または**『増補 女性解放という思想』ちくま学芸文庫（2021）**を参照するといい。また、身体の管理（管轄）を含めた女性の自己決定権については、同じく**江原由美子『自己決定権とジェンダー』岩波書店（2002）**^(*)を参照するといい。

　③マルクス主義フェミニズムについては、第一に薦めるのは**上野千鶴子『家父長制と資本制』岩波現代文庫（2009）**である。この領域についての基本的な分析枠組みを明快に論じている。さらに無償労働に焦点化したものとしては、**ジョヴァンナ・フランカ・ダラ・コスタ『愛の労働』インパクト出版会（1991）**を読み込むのもいいだろう。

　④良妻賢母については、**小山静子『良妻賢母という規範 新装改訂版』勁草書房（2022）**を第一に薦める。

　⑤ボーヴォワールについては、**シモーヌ・ド・ボーヴォワール『決定版 第二の性』河出文庫（2023、全三冊）**がある。3冊と分量は多いが、性の構築性をめぐって試行錯誤するボーヴォワールの言葉は、読む者に勇気を与える示唆にあふれている。フーコーの議論は、**ミシェル・フーコー『監獄の誕生〈新装版〉』新潮社（2020）**で規律権力が、**『性の歴史Ⅰ 知への意志』新潮社（1986）**で生－権力が、それぞれ論じられているのだが、正直なところなかなか難解な書物である。いきなり読むのが難しい場合は、フーコーについての解説本（多数出版されている）をいくつかみて、読みやすいものを先に読んで、一定の知識を頭に入れてから取り組むのもいいと思う。

第 4 章

差別／区別
と自然化

本章の結論を先取りすると、「区別は差別」ということになる。「これは差別ではなく区別である」という言葉は、あらゆる差別の場面で使われてきた。もちろん性差別の場面でも。確かに、区別という概念が有効な場面は社会に存在する。犬と猫を区別する。エンドウ豆と大豆とを区別する。個人の所得と法人の所得とを区別する、など。しかし、区別という概念が人間を仕分けするために使われる場合、あるいは人間の性質や特徴と結び付けられて用いられる場合、差別として機能することがほとんどである。区別こそ最大・最強（最凶）の差別。これがジェンダーの権力作用を考える際に必要となる認識の一つだ。区別という見方は、それに基づく自然化を導く。つまり、差別を区別と言い換えることは、その区別が自然なものであるかのようにみせ、その結果として差別が自然なものであるかのように取り繕うことで、差別や支配によって得られる利益を維持するためのレトリックなのである。

1 ｜ 差別の順序

　国民国家社会の役割分業システムと、その帰結として生じる不平等の固定化は、差別が蔓延している状況と考えるにふさわしいものである。女性差別はその典型例である。ジェンダーを考える際に、差別の問題は避けられない。ジェンダーが設定されるのはカテゴリーによる性支配をおこなうためであって、差別はその結果として必ず存在しているからである。

　ここで確認しておきたいのは、差別は徹底して社会的な問題であるという根本的なことだ。差別の根拠として、生物学的形質や地域、血統や出自などが援用されてきたが、それらはすべて「後づけの理由」でしかない。つまり、単なる“でっちあげ”である。差別をしようという意志よりも前に、差別を引き起こすような理由がもともとどこかに存在していたわけではない。「差別をどう思うか？」と問えば、ほとんどの人は「差別はよくない」と答えるだろう。だがそのあとに「しかし差別される側にも原因はある」という言葉が続くことが、しばしばある。ここに差別をめぐる大きな問題がある。「差別される側にも原因はある」と考える人は、差別に何らかの合理性があると認めていることになる。それが差別することへの言い訳であるにせよ、

本気でそう思っているにせよ、「言い訳」になりうるような論理に合理性があると考えているということだ。私たちは差別という現象を目にしたとき、差別することやされることには何らかの原因や理由が存在していると考えがちである。しかし注意が必要なのは、差別が合理的なのは差別をおこなう側にとってだけであるということだ。差別を受ける側にとって合理性などまったく存在しない。たとえば、障がい者差別について考えてみよう。障がい者が社会から排除されたのは、近代国民国家の競合下で社会が生産性を追求したからである。大規模な労働集約的な生産システムの効率性を落とさないように、文字どおり産業システムにとっての"障害"として障がい者が排除され、残りの"健常者"が社会全体の生産性を維持し、その余剰を用いて障がい者を隔離して福祉の対象にしてきた。このシステムを正当化する論理には、一貫して"健常者"側の都合しか反映されていない。それはあくまでも、"健常者"にとっての合理性でしかないのである。このような社会的排除とは対照的に、障がい者の側の合理性とは、障がいの有無にかかわらず社会参加が可能な社会の実現である。しかしそのような合理性の正当性は、近年まで顧みられることはなかった。障がい者の社会的排除は、一貫して"健常者"たちにとって都合のいいものでしかなかったのである。この合理性をめぐる不均衡・格差を可能にしてきたのが、権力関係である。

　私たちは、差別の発生には何らかの"原因"があると考えがちである。しかしその"原因"は、差別側と被差別側の双方が納得できるものではありえない。なぜならそのような"原因"は、差別される側にはなく、する側にしか存在していないからである。そして差別される側を沈黙させてきたのは、理屈の正当性などではなく、差別する側の権力作用にすぎない。つまり差別は、差別をおこなう側が、差別したいから差別しているのである。さらにいえば、差別をしたいために、"原因"をでっちあげるのである。一般的に認識されていることとは、順序が逆なのである。

　ときには、被差別のカテゴリーさえ、差別の過程で構築される。たとえば、日本の先住民族の一つであるアイヌ民族が北海道を中心に生活している。ところで「アイヌ」とはアイヌ語で「人間」を意味するそうである。これは民族名としては、いささか奇妙な印象を受ける。日本語でいえば「人間民族」と名乗るようなものだ。一般的にはこのような名乗りはせず、「日本（大和）民族」「ドイツ民族」など、地域名や何らかの民族的特徴をもって名

乗ることが多いだろう。このアイヌ民族という名称のなかに、歴史的な権力作用の痕跡を確認できる。それはアイヌの人々をアイヌ民族と規定した他者との接触の痕跡である。アイヌモシリ（アイヌの大地：現在の北海道）を和人（日本人）が侵略し、アイヌの人々と出会う。そのとき和人が「お前は誰だ?」と聞けば、「私は人だ」と答えるだろう。アイヌ語では「私はアイヌだ」になる。そしてアイヌという"民族"が命名されることになる。

　最初の出会いの時点で、和人がアイヌの人々を自分たちと同じ存在として接したならば、アイヌ民族として区分されることはなかったかもしれない。しかし実際には、和人たちはアイヌの人々を収奪の対象とみなして自集団から区分した。そして土地を奪い、労働力として使役し、コロニアリズムを実践した。あげくには、発展の遅れた野蛮な人々を日本人が教化・救済するという口実でアイヌの人々を支配したのである。アイヌ民族という名称は他者によって付けられたものであり、アイヌの人々の支配を準備するための呼び名でもある。と同時に、アイヌなる存在のカテゴリー自体も、支配の対象として日本人によって構築されたものである。つまり、差別や支配をおこなう際に、その対象も同時に作り出したということになる。この過程にアイヌ側の原因など、一つでも存在しただろうか。

　多くの場合、「〇〇差別」が登場する前に〇〇に相当するものが存在しているわけではない。多くの差別では、〇〇にあたる部分は、差別や支配をおこなう過程でカテゴリーとして作り上げられる。それは、ゼロからでっちあげるのではなく、もともと存在しているものの一部を土台にして、支配の対象として再構成・再定義するということである。アイヌ民族の例でいえば、アイヌ語を話す集団は存在していたが、それをアイヌと名付けて劣等性や野蛮さなどの意味を付与して、支配の対象として作り上げたということである。多くの差別や支配では、差別や支配の過程で、支配するにふさわしいものとしてその対象を作り上げる。その結果「差別される側にも原因がある」という、因果関係が逆転した考え方がまかり通るようになる。

　これは女性についても同様である。近代国民国家社会の要請に沿って、近

（1）　一方で、日本人という近代的な集団カテゴリーについても、これらの外部集団（沖縄やアイヌなど）を設定することで、相対的存在・相互補完的存在として、成立・発展したと考えるべきだろう。

代の女性は形作られた。リプロダクションと維持労働を基軸に女性の本質なるものが設定され、その本質に基づく特質をもつ有徴的カテゴリーとしての役割が割り振られたのである。女性という存在は、徹底して近代的役割と直結するカテゴリーであり、支配の対象として設定されたといっても過言ではない。

　差別や支配をおこなう側は、それをおこなうだけの力をもっている。差別を実践するのは、差別をおこなう側にとって都合がいいからである。差別は百パーセント、おこなう側の都合と責任によって実践される。同時にほぼ百パーセント、差別をしている側は自分が差別をしているという自覚がない。これは心の底からの認識である。差別することと、それによって得られる利益があまりに当たり前のことと思われるため、自分がおこなっている行為は差別ではなく「当たり前のこと」だと思っているのである。この状態が進行すると、差別を受ける側までがその状況を当たり前と思う（思い込まされる）ようになりうる。そうした状態を作り上げるために、本質主義的言説が大量に用いられてきたのである。

2 ｜ 徹底した差別、すなわち区別

差別と区別

　本質主義的言説の強化が行き着く先は、区別という発想である。差別者は、意識的だろうと無意識的だろうと、常に自分が差別をしているという現実から目をそらす方法を模索している。多くの人々は、自身を善良な存在だと思い込んでいるからである。一方で差別はどう取り繕っても善行でないことは明らかであり、人々は自分がそのような悪行をおこなっているという事実に耐えられない。ならば差別をやめればいいだけのことなのだが、そこから得られる利益は失いたくないというのも本音であり、そうした葛藤のなかで選択するのが自分を騙すという方法である。つまり、自分は差別などしていない。自分がおこなっているのは、差別ではなくそれ以外の何かであるという認識を求めるのである。

　そこに登場するのが区別という発想である。差別ではなく区別ならば、そ

れは合理性を備え正当化が可能な行為だということになる。さらに区別という概念によって、差別が問題化することを事前に防ぐことも可能になり、利益を得つづけることができる。差別を区別と捉えることは、差別者にとって一石二鳥の方法である。

体力神話

　一例を挙げよう。性差に関わる区別として、典型的なのが「男と女は体力が違う」という言説である。最初に確認しておくと、かつて（ひょっとするといまもかもしれないが）男のほうが体力があるので重要な仕事を主に担い、女は体力がないので補助的な仕事で男を支えるべきだという考え方があり、経済的に生産性が高い仕事や職種から女性を排除していた時代があった。もともとの体力が異なるのだから、男と女を区別し、別種の仕事を割り振るのは合理的だということである。ここで検討するのは、このような言説が正当性をもつのかということと、男性が経済的生産性が高い業務を独占することの根拠としてこの言説がどの程度有効だったのかという点である。なお、根本的な問題として、業務の割り振りを体力によって決めることそのものの妥当性にも問題があるのだが、とりあえずそれは措いて話を進める。

　男性のほうが体力があると聞けば、何となくそのように感じる人も多いだろう。この体力差について、どの程度の説得力があるかを考えよう。第一の問題は、その分布である。私は授業でこの話をするときに、学生たちに「男性のほうが女性よりも体力があると思う人」と尋ねて手を挙げさせることがある。そうすると勇気ある何人かの学生が手を挙げる。その学生たちになぜそう思うかを聞いてみると、「男のほうが走るのが速い」「男のほうが腕力やケンカが強い」といった回答が多い。回答者が男子学生の場合、「では、あなたは女子マラソンのメダリストよりも速く走れますか?」「女子プロレスラーとファイトして勝てますか?」などと聞き返す。当然のことながら、彼らは沈黙する。女子マラソンのメダリストより速く走ることもできなければ、女子プロレスラーにも勝てないと思うからである。

　女子マラソン選手や女子プロレスラーは女性である。一方で、彼女らより走力や腕力で劣る男性はたくさんいる。したがって、男性のほうが女性よりも体力があるという言明には例外があることになる。もっともこのような議論の場合、論理的には例外の存在をもって全体を否定することは危険であ

る。そこで確認が必要なのがその分布である。この論点については、伊藤公雄が詳細な分析をおこなっている（伊藤, 2003: 217-223）。伊藤は、スポーツに関する技術と能力の男女差について、その分布のグラフを引用して議論している（ここではグラフの転載は控える）。

　伊藤の分析を補足しながら要約する。自然界に存在しているものの分布の多くは、一般には、左右対称な山型のグラフになる。これが正規分布と呼ばれる分布である。正規分布の場合、山の頂点が平均値になる。スポーツの記録（タイム、筋力量、飛距離など）の男女のグラフは、正規分布になり、かつ男性のほうが山の頂が右に少しずれた形で重なる（右へいくと記録や筋力量は高く〔多く〕なり、左へいくと低く〔少なく〕なる）。そういったグラフから、男性のほうが女性よりも体力があるといえるだろうか。残念ながら（?）そうはいえない。そのような分布から読み取れることは、体力差とは、性差よりも個人差が大きいものだということである。もし2つのグラフが重ならないくらいに平均値（山の頂）が離れている（男性のグラフと女性のグラフが重ならず、男性のグラフが女性のグラフの右側に描けるような場合）ならば、男性のほうが体力があるともいえるだろう。しかし、実際には2つのグラフはかなりの部分で重なる。ちなみに、オリンピックの記録での男女差などは、統計的には誤差の範囲である。そしてこの平均値の差についても、環境要因を考慮する必要がある。日常的に身体を動かす機会が女子より男子に多いという生活様態の相違が、記録の平均差として表れている可能性も否定できないのである。

　伊藤の分析はスポーツでの男女差という文脈に沿うものだったが、本書での議論に話を戻すと、ここで検討しているのは、男女の体力差を根拠に、経済的に生産性が高い業務を男性に優先的に割り振ることに合理性はあるのかということである。伊藤が分析したように、あらゆる記録や能力の分布は同様の傾向になっているので、もし体力を根拠に業務の割り振りをするならば、その基準は性差よりも個人差を優先しなければならないということになる。

　さらに指標そのものの問題もある。体力を比較するうえで、なぜ走る速さや筋力量を指標にするのだろうか。男性が独占してきた生産性が高い業務には、肉体労働だけではなく知的労働も含んでいたのにである。あるいは基礎体力という観点なら、たとえば「100年間長生き競争」でもいいではないか。長生きするということ以上に体力を示すものなど、あるだろうか。

2023年の日本人の平均寿命は男性が81.09歳、女性が87.14歳で、その差は6.05歳であり、この競争では女性の圧勝である。ただしこの差も、両性の働き方やライフスタイルが変われば変化しうる。いずれにしろ、体力が比較の指標として用いられるのは、それが男性に有利な指標だからであり、女性にとって有利な指標が用いられることはない。指標の選択そのものも不平等なのである。そして繰り返すが、この体力差問題は、経済的に生産性が高い業務を男性に優先して割り振ることの根拠として語られてきたものである。先に述べたように、体力が判断の根拠として合理的なのかという根本的問題があるとともに、根拠がない言説であることがわかるだろう。

究極の本質化＝区別

区別という発想は、差別思想として最も残酷なものでもある。区別とは、対象を自身とまったく別物とみなす視点である。対等ではない存在、はっきりいえば人間としてみない、ということである。この点について駒尺喜美と小西綾は、作家・五木寛之が紹介したアメリカ合州国（合衆国）とヨーロッパの人種差別の例を用いて説明している。

1950年代までのアメリカでは、白人女性と黒人男性が白昼堂々とデート[2]していたら、その黒人男性は周囲の白人男性から危害を加えられたり、少なくとも殺されそうな視線でにらまれたりしただろう。一方ヨーロッパでは、白人女性が黒人男性にきれいな服を着せてカフェなどでキスをしていても、誰も関心を払わないだろう（駒尺・小西, 1984: 78-79）。この2つの社会状況を対比させれば、一見するとヨーロッパのほうがいい社会のように思える。しかし、アフリカ系住民が差別され悲惨な状況に置かれているのはアメリカでもヨーロッパでも同じであり、駒尺は当時のアメリカの白人は黒人を差別していて、ヨーロッパの白人は黒人を区別しているのではないか、と指摘する（駒尺・小西, 1984: 78-81）。

かつてアメリカでは、白人女性の裸を見たアフリカ系男性は木に吊るされた。それは、彼らが白人男性たちの激しい嫉妬と憎悪の対象になったからである。一方でヨーロッパの場合、アフリカ系の召使の前で裸になることにつ

（2）本来ならばアフリカ系住民と表記すべきだが、原文の内容を伝えるためここでは「黒人」と表記する。

いて白人たちは気にも留めなかった（そのような文学描写はしばしば登場する）。それは、黒人を人間としてみていないからである。きれいな服を着せられて公衆の面前で白人女性とキスをしていた黒人男性は、当の白人女性やその周囲の白人たちからみればペットと同じ存在だった可能性がある。犬や猫を相手に、裸を見られた、キスしていたと嫉妬や憎悪を向ける人はいないだろう。

　これらは、どちらがよりひどい差別といえるだろうか。まあ、どちらもひどいのだが、アメリカのほうが黒人に対して嫉妬や憎悪を向けているという一点で和解の可能性がある、と駒尺らは指摘する。嫉妬や憎悪は、相手が同じ人間だと思っているからこそ生じる感情だからである。相手を犬猫とみなして区別しているならば、そのような感情が出てくる余地はない。その点で、区別という発想は、何をもってしても超えがたい、取り付く島もない究極の差別思想であることがわかるだろう。

3 ｜ 区別論の効果

　このように超えられない壁を設定し、差別ではなく区別だと言い張り、科学やらいろいろなものを動員して本質主義的言説をさまざまなかたちで生産するのは何のためだろうか。それはいうまでもなく、自分が差別しているという現実から目をそらしながら差別を続け、その結果、差別による利益を維持できるからである。さらに区別論の最大の効果は、被差別者自身にまで「これは区別だ」という意識をもたせうることである。「私はあなたを差別しています」といわれれば、被差別者が「ふざけんな！」と怒るのは当たり前の反応である。しかし「いやこれは区別です、ほら最新の科学でも……」といわれれば、被差別者はいったんは黙ってしまうことがある。なぜ沈黙せざるをえないかといえば、そのような区別論を支えている科学的言説や情報は、力と権力をもつ差別者側が独占してきたからである。そのように「最新の学説」などを根拠にした区別といわれれば、多くの被差別者は、そのような情報へのアクセスが困難なためにすぐには反論できないのである。

　もちろんそのような区別論を投げかけられた被差別者側も、やがて自力でその根拠が怪しいことやそれが詭弁であることを知るだろう。さらには被差

別集団出身の研究者も登場し、それらの区別論の欺瞞を明らかにするだろう。しかしそうなれば、つぎの新たな区別論が登場する。そして被差別者はまた沈黙させられる。差別者側が区別論を投げかけ、被差別者側がそれを反証し、また新たな区別論が投げかけられ……、というようなイタチごっこが続くのである。そのイタチごっこの間、差別的な支配状況は継続している。そのような繰り返しは、被差別者に激しい消耗をもたらすだろう。

　それこそが差別者側の狙いといえる。人間誰しも、自分が差別されているという状況は耐えがたいものである。怒れば消耗もするし疲れる。それを乗り超えて差別と闘う人々が多く存在してきたことはいうまでもない。その一方で、すべての被差別者がそのような強靭さを備えているわけではない。自分の意志や行動ですぐさま状況が変わらず絶望し、しかし自分が差別されているという認識をもつのもしんどいと感じるとき、区別という言葉が差別者によって、あたかも目の前にぶら下げられたニンジンのように差し出される。これは悪魔のささやきである。しかしそれだけに魅力的に映るものでもある。

　差別ではなく区別であるならば、多少の不自由や不平等を我慢すれば、少なくともみじめな思いをすることはなく、怒りで消耗することもなくなる。このような権力作用は「差別の温室効果」とでも呼べるものである。温室に入れられると、大地に根を張って自由に枝葉を伸ばすことはできないが、「温室内に限る」という制約を受け入れれば、それなりに快適に過ごすことはできる（これは生‐権力ともいえるものである：解説5を参照）。区別という発想は、被差別者に対してそのような効果をもちうる。被差別者が差別を受け入れるための逃げ道として、差別者によって準備された概念といえるのである。区別の闇は、思ったよりも深い。

　差別者側からみた場合、この概念による効果は明らかである。区別という言葉を使えば、被差別者も差別を受け入れることがある。被差別者自身が差別を差別だと感じなくなるかもしれない。被差別者が差別を区別として受け入れるなら、差別者は差別によって得られる利益を失うことはない。これは差別者側にとって「おいしい状況」である。しかも区別といっている間は、それが差別として問題化されることもない。何度でもいうが、これは「とってもおいしい状況」である。つまり差別をおこなう側にとって、差別を最も効率的におこなう方法は「これは区別だ」と、手を替え品を替え、言い続け

92

ることなのだ。費用対効果からみればこの方法一択といってもいい。そして歴史的にも、ほとんどの差別はそのようにして実践されてきた。つまり区別論は最も効率がいい差別の手法であり、究極の差別である。

　ジェンダーに関わる領域でも、区別という言葉がどれだけ多用されているか、思い当たるのではないだろうか。その他すべての差別と同様に、性差に関わる領域で、「これは差別ではなく区別」という言葉がもし出てきたら、その瞬間に頭のなかでは「差別警戒アラート」が最大限に鳴り響き、赤色灯がくるくる回っている必要がある。

　上野千鶴子は、先に紹介した駒尺喜美が五木寛之との対談のなかで「自分の目の黒いうちに、区別が差別に昇格するとは思わなかった」という名言を述べていると紹介している（樋口・上野, 2020: 171）。駒尺はかつて以下のように書いていた。

　　かつてナチス・ドイツはユダヤ人を区別し、その絶滅をはかって、人間の大量虐殺に狂奔した。また、白人は黒人を人間から区別して奴隷にしていた。だが、いまや人種差別は、〈区別〉の段階から〈差別〉の段階へ昇格（?）した。しかし、ただ一つ、差別に昇格しえていないものがある。それは性区別である。（駒尺・小西, 1984: 80。傍点は原文ママ）

　本章でも紹介したように、駒尺は一貫して「区別はもっとも悪質な差別」と指摘してきた（駒尺・小西, 1984: 80）。ここまでの議論から、駒尺のこの発言の意味は明らかだろう。女性が社会に進出し、差別を感じる場面がようやく問題化されるようになった。それは男性たちに差別されるだけの存在として認識され、嫉妬や憎悪の対象とみなされるようになったということであり、自らの地位や利得（と彼らが思っているもの）を脅かしかねない存在として女性たちが認知されたということを表している。つまり、憎まれ差別される程度には女性たちが力を獲得したということなのである。それは女性にとって悲しむべきことではなく、むしろ喜ぶべきことである、ということを駒尺は言っているのである。

　女性は、取り付く島もない、血も涙もない冷酷な"区別"の対象から、あってはならないとされる差別の対象へと"昇格"した。これは、たとえ時間がかかっても、女性の差別が解消される具体的な展望が開けたということを

意味してもいる。一般的な差別が"昇格"と感じられるほどの苛烈な差別。それが区別であり、区別こそ究極の差別思想だということが、この駒尺の発言からも理解できるだろう。

4 | 自然化と自然の構築

　ところで、科学的言説を援用したこのような区別論は、近代社会の要請の結果成立したにすぎない性別役割分業を、所与の（生まれつきの）性質と結び付いたものとして解釈する。そうした認識は、性別役割分業の自然化といえる。自然化とは、本来自然であるかどうかとは関係なく、人工的に自然なるものを設定することである。ジェンダーに関する事柄の多くは、生まれつきのものとして"自然化"されてきたのであり、自然化とは本質化の別名である。第1章でふれたように、ジェンダー論を学ぶことは、このように本質化された諸概念を脱－自然化（脱－本質化）する視点をもたらす。

　自然化の欺瞞を理解するうえで、自然についての特別な専門的・科学的知識は必要ない。基礎的な事実と論理を用いる簡単な思考があれば十分だ。たとえば「動物だってメスが子育てしているでしょ。だから女の人が子育てするのは自然なことなんだよ」といって、女性に子育てを一任することを正当化する言説。これは典型的な自然化言説といえる。これが女性の子育ての自然化である（なお、子育てに関わる行為のなかで授乳だけは女性にしかできない行為である[3]）。

「これは自然なことなんだよ」という言葉のなかでの「自然」の意味を考えてみよう。このとき自然の例として持ち出されるのは、たとえばサルのような哺乳類である。しかし、動物（自然）は哺乳類だけで成立しているわけではなく、たとえばコウテイペンギン（鳥類）はオスが子育てに多くの時間を費やすことが知られている。ペンギンは自然ではないというのだろうか。

　あるいは、人類と同じ哺乳類であるゴリラやチンパンジーには、「子殺

（3）　もちろんこれは母乳の場合であって、乳児用調整乳（粉ミルクなど）を用いる場合には性別は関係なくなる。事実上、出産後の育児で性別によって不可能になる事柄は存在しない。

し」と呼ばれる習性があり、ときに実行することが知られている。これも間違いなく自然の現象である。しかし、人間の社会のなかで大人が子どもを殺す事件がしばしば発生するが、その際に「仕方ないですよね。子どもを殺すのは自然なことですから。ゴリラなんかもしょっちゅう殺してますし」などとテレビでコメンテーターが発言することは皆無だろう。子どもを殺すゴリラは"自然"の範疇に入っていない。

メスの子育てもオスの子育ても、子を大切に育てる親も子を殺す成体も、それぞれ自然として存在している。しかし、メスの子育てと子を大切に育てる親個体については自然として参照されても、オスの子育てや子どもを殺す個体が自然として参照されることはない。何が自然に該当し、何が自然に該当しないのかは、人為的に選択されている。これは、いわば「自然格差」といえる状況である。自然とは、人工的な構築概念であり、操作的概念であることがわかる。少なくともジェンダーに関わる文脈では、自然は、近代の性別役割分業の論理に則して参照可能な部分だけが自然と名付けられて参照され、そうでない部分は切り捨てられている。人間の社会的役割や行為規範に照らして自然を定義し、その定義をもとに人間の社会的役割や行為規範を正当化するという循環論法（ループ状の論理）が存在している。

いったん自然の構築性・操作性という視点を獲得すれば、ジェンダーに関して疑問がつぎつぎにわきあがるだろう。たとえばオス／メスという区分。この区分もまた自然のうちに存在している所与のものと考えられがちだが、自然が構築的概念であるのならばそれもすぐさま疑わしくなる。オス／メスの区分は人間が勝手におこなったものにすぎないからである。現時点では動物語翻訳機は存在しないので、実際に猫などにインタビューをおこなって「わしはオスとしてのアイデンティティをもっているニャン」などという回答を得たわけではないのである。性別という概念もまた、人間社会（それも近代以降）の社会的区分や規範概念を動物に当てはめているだけではないかという疑念を、否定する事実は存在しないのである。[4]

（4）このような論点について、最も徹底的に議論したのは、ダナ・ハラウェイである。ハラウェイは、人間社会の行動の起源を動物の行動に求める社会生物学を批判的に検討し、とくに霊長類学（人間とサルとの関連性を分析する）という学問領野がきわめて政治的に構成されていることを指摘した（Haraway, 1991=2000）。ハラウェイはこれらの自然化のプロセスを「自然の再発明」として論じている。

多様な自然の姿をありのままにみるのではなく、近代社会との参照可能性を規準に、取捨選択して自然を定義すること。これは「自然の再発明」（ダナ・ハラウェイ）といえる事態である（Haraway, 1991=2000）。ジェンダーに関わる文脈で、現時点で、純粋に自然の範疇にあるものとして議論可能なのは、リプロダクション過程と授乳（本章の注（3）を参照）だけである。それ以外の事柄について自然が持ち出され、それを根拠にして女性に対して（ときに男性に対しても）、何らかの行為規範が設定されたり、行為が求められたりすることがあれば、その"自然"が再発明された人工的で操作的なものであることを疑う必要がある。それは、性別というカテゴリーを利用したポリティクスの表れであり、権力作用である可能性が、きわめて高いのである。

解説6　先史時代の性別役割分業

　両性の役割分業が近代的な社会的分業であることを説明すると、しばしば「でも先生、高校までの歴史の教科書の最初のほうの、縄文時代の図では、男は狩猟、女は採集をしていました。やっぱり昔から性別による役割分業はあったんじゃないですか？」という反応がある。これはなかなかおもしろい指摘である。確かに、歴史の教科書に限らず、古代のありようについてのそのような描写をしばしば目にする。典型的なイメージは、男女ともに貫頭衣を着ているが、短髪でヒゲを生やした男は弓を持ってイノシシやシカなどを追いかけ、長髪の女性は頭にカゴを載せてドングリなどを拾っている、というものである。

　さて、そのような図は古代社会にも性別役割分業があったことの根拠になるだろうか。まず、歴史の教科書や年表などで、縄文や弥生などの時代が「先史時代」と命名されていたことの意味を確認しよう。先史時代とは、歴史に先立つ時代という意味である。ところで、学問を定義するのは、対象と手法である。歴史学は過去のありようを対象にする学問であり、その手法は「書かれたもの＝文書（もんじょ、と発音する）」を研究することである。つまり歴史学とは、過去のありようを書き残されたものから探求する学問ということになる。この歴史学の手法の特徴は文書主義と呼ばれ、長らく歴史学の基本的な方法論だった（現在では文

書主義に偏ることについて歴史学内部では批判的に議論もされている）。したがって、縄文などの無文字時代（文字による記録が未発見の時代）を、歴史学は原則的には扱うことができない。先史時代とは、歴史（文字の記録）に先立つ時代、歴史学的手法が及ばない時代、歴史学では扱えない時代、という意味なのである。

つぎに、これらの時代のありようを解明する学問は何かということになるのだが、それは考古学である。考古学は、古くを考えるというその字面からも、とても古い時代を対象にした学問だというイメージがあるかもしれない。ただし、考古学を歴史学からはっきり区別するのは、その学問的手法の違いである。考古学はモノを根拠に過去のありようを探求する学問である。そのため、必ずしも文字のない時代だけを対象としているわけではなく、江戸期や明治時代を対象にした考古学的研究も存在する。文書がなければ踏み込んで探究できない歴史学とは異なり、考古学はモノさえ出てくれば研究対象にすることができる。したがって歴史学が扱えない先史時代についての研究は、考古学の独壇場のような状態になる。

さて、性別役割分業に関する考古学的知見がどの程度存在しているかといえば、とくにそのようなものはないのが現状である。したがって、教科書にあるあの図は学問的にとくに根拠があるものとはいえないのである。たとえば弓矢やヤジリとともに男の骨格が、木の実やカゴとともに女の骨格が世界中で出土しているなどという考古学的事実はないのである。もちろん歴史学者や考古学者がタイムマシーンに乗って先史時代を見学してきたなどということもない。つまり、男はイノシシ／女はドングリという分業の図は、近代の性別役割分業をはるか過去に対して勝手に当てはめた想像図ということになる。

ところで、言葉遣いは正確でなければならない。想像というのは、何らかの根拠をもとにしてその可能性を考えることである。一方で、根拠なしにあれこれ考えることは、一般に妄想という。このケースでは、あの図の学問的根拠は歴史学と考古学のどちらにもない。つまりあの図は、根拠もなしにあれこれ考えた、単なる"妄想図"ということになる。残念ながら、教科書の最初のほうに掲載されている図画からも、性別役割分業の源流や起源をたどることはできないのである。

解説7　ジェンダーと"最新の科学"

　本章で言及したように、ジェンダーに関連して科学的言説が援用されることがしばしばある。それが区別論の文脈だった場合、最大限の警戒をもって接するべきだということは本章で論じたとおりである。ところでジェンダーに限らず、差別に関わる文脈で科学的言説が用いられる場合、よく使われるフレーズに「最新の科学によると」という"前置き"がある。つまり、最新の科学的な発見によって、遺伝子や形質が何らかの特性や性差を決定していることが明らかになったといおうとするわけである。たとえば、脳梁やホルモンの研究、DNAの解析によって、男女の思考や行動には先天的な傾向の違いがあるというような内容である。

　特定の病気の発現や体質などについての議論ならともかく、タンパク質を組成する情報によって、思考や行動などの社会的要因を多く含む領域が一義的に決まるなどという議論には、論理的な飛躍がある。そのため、形質によって社会的要因や行動が決まるという話は、まずは疑ってみるべきである。これらの議論の多くには、科学的発見と結論の間に論理的な乖離がある。

　多くの人は、最新の科学的発見と聞くと、それが新しい真実を明らかにしたという印象を受けるだろう。だが"最新"であることは、それが"正しい"ことを何ひとつ保証するものではない。科学者たちは常に研究をおこない、その成果を逐次発表している。その営為自体には何の問題もない。さまざまな仮説や学説が提起され、議論の多様性をもたらし、科学をさらに発展させる原動力になる。しかしそれらのすべてが正しいわけでは、もちろんない。

　一つの考え方や発見と思われるものは、発表者本人も含む科学者集団によって時間をかけて検証される。なかでも追試可能性は、科学の重要な要件である。同じ論理と手法で発見が再現できるかどうか、膨大な追試がおこなわれる。アルベルト・アインシュタインが特殊相対性理論を発表したのは1905年だが、それ以降、現在にいたるまで、新たな計測

法や観測法が確立されるたびに相対性理論と矛盾がないかどうか、追試が繰り返されているという。その追試に耐えているからこそ、相対性理論は「いまのところ正しいものとして説得力をもつ」と科学者たちに考えられているのである。2014年に日本人研究者らがSTAP細胞を発見したと発表し、のちに否定された事件は社会の注目を集めたので覚えている人もいるだろう。STAP細胞についての最大の問題は追試が成立しなかった（現象を再現できなかった）ことである。したがって、科学的発見とは認められなかったのである。

　最新の科学は、まだこの追試という試練をパスしていない。今後、追試によって否定される可能性が十分にあるのである。最新の学説がさまざまな可能性を提起すること自体には意味がある。たとえ結果的にそれが誤りであっても、そのような多様な可能性のなかから科学的真実が発見できるかもしれないからである。またその発見や理論自体は誤りでも、それをきっかけに別の発見や議論が発展する可能性もあるだろう。しかし、何か新たな学説が登場したからといって、それが無条件に正しいものであり、性差のような社会的行動が決定されていることが明らかになったと考えることは話が別である。

「メンデルの法則以来150年になる伝統的な遺伝研究によると、女性の行動には○○の傾向がある」などというもの言いを目にすることはない。なぜなら、長年にわたる膨大な追試に耐えた学問的蓄積のなかに、そのような知見は存在していないからである。一方で優生学[5]を筆頭に、これまでに差別に援用されてきた学説は、すべてがそれぞれの時代の「最新の科学」だった。科学的にまだ正否が確定していない知見が、差別の根拠として利用される余地があるのである。たとえば現在、指紋は一般的に犯罪捜査などでの個人の特定以外に用いられることはないが、かつては指紋の紋様のパターンによって性格や能力が類型化できるという議論が盛んにおこなわれた時代があった（高野, 2016）。血液型につい

（5）　かつて存在した、人種・民族集団に遺伝的な優劣が存在するということを前提とする学問分野。人種差別や民族ジェノサイド（集団殺戮）を正当化する学問として機能した時期もあったが、現在では疑似科学ないしはオカルトと位置づけられている。

ても同様の言説があったが、それらはいずれも指紋や血液型という形質によって人間のありようが先天的に決定されているという究極の本質主義的言説だった（もちろん現在では否定されている）。重要なことは、それらは当時の「最新の科学」でもあったということである。

　現在であれば、たとえばDNAやゲノム解析、ミトコンドリア、ホルモンなどの領域の研究が盛んであり、さまざまな「最新の科学的発見」が報告されている。それ自体は科学の発展として素晴らしいことであり、議論が活発なことは大いに結構なのだが、そうした形質が現在の人々の思考や行動を決めているという話になれば眉唾ものになる。これはジェンダーや性差に限らず、たとえば「日本人の系譜（日本人とは何者か／どこからきたのか）」や、民族的特質（わかりやすい本質主義の発想である）というような議論に関連しても起こる可能性がある。最新の科学によって形質の特徴から人間の社会的様態が解き明かされた、などという議論には最大限の警戒が必要である。これまでにもそのような議論によって差別が実践されてきた歴史があるからである。

<hr>

第4章をより理解するためのブックガイド

　①差別のありようを総合的に理解するには、**アルベール・メンミ『人種差別』法政大学出版局（1996）**を読むといいだろう。より深く理解するには同じくメンミによる**『差別の構造』合同出版（1971）**もいいのだが、長らく絶版になっているので図書館などで探してほしい。男性支配について総合的に論じていて多様な視点を提供してくれるのが**ピエール・ブルデュー『男性支配』藤原書店（2017）**である。性的マイノリティへの配慮を欠き、男性の支配体制を変更不可能だと思わせるほど過大に決定的なものとして描いているのではないかなど、いろいろと批判もある書籍なのだが、社会のさまざまな局面に潜む性支配の様相を理解する一助になると思う。

　②区別論については、本章でも参照した**駒尺喜美・小西綾『魔女の審判 増補改訂版』不二書房（1984）**が基本文献である。

　③自然化については、**アン・ファウスト゠スターリング『ジェンダーの神話』工作舎（1990）**と、**サンドラ・ハーディング『科学と社会的不平等』北**

大路書房（2009）、アンジェラ・サイニー『科学の女性差別とたたかう』作品社（2019）の3冊を読めば、論点をほぼ網羅的に理解できる。

④霊長類学と自然の再発明については、**ダナ・ハラウェイ『猿と女とサイボーグ』青土社（2000、2017に新装版）**がある。いわゆる「サイボーグ・フェミニズム」と呼ばれる考え方を代表する著作であり、さまざまなジェンダー論的視点を学ぶことができる。ただしこの書籍は少し難しいので、**ロンダ・シービンガー『ジェンダーは科学を変える!?』工作舎（2002）**をあわせて読むのもいいだろう。

第 5 章

男も
つらいよ？

──男たちの欺瞞のポリティクス

差別問題や植民地主義の分析において深い洞察を残したアルベール・メンミは、性差別問題に取り組もうとする男性たちの態度について、それは「暴君の弁明」ではないかと常に疑う必要があると指摘している。メンミは、男性は自身の利益にとって都合のいい特権を持っており、また性差別に関わる事柄は曖昧な動機に基づく事柄が多いため、男性たちは利益を得ることにいっそう巧みに成功するために自己を糾弾するという行為に及んでいるという可能性を警戒すべきだとしている（Memmi, 1968=1971: 176-177）。このような態度を取ることへの誘惑は、男性ならばよく理解できると思われる。実際、男性が女性差別に対して反対を表明することは、その男性個人にとってまったく損な選択ではない。逆に女性差別について無頓着だったり無関心だったりすることは、ときにその男性個人に不利益をもたらしかねない。しかし、女性差別に対して反対を表明することと、その男性が女性差別に実際に反対することとは、別の問題である。

　本章では、性差別を焦点化する文脈で、男性たちがどのように自己を正当化し、免責を図り、あるいはその問題から遠ざかろうとするのか、それらのポリティクスについて検討したい。[1]

1　責任転嫁と「加害者の被害者化」

露出問題

　男性たちが性差別に直面したときには、責任転嫁、逃避、ごまかし（論点の曖昧化）といった反応を示すことが多い。なかでも、責任転嫁は最も基本的な手法である。たとえば、痴漢などの性暴力の被害者に対して投げかけられる「肌の露出が多い格好をしているから……」という、おなじみのものがその典型である。肌の露出の多さが性暴力被害の原因であるというこの言説は、責任転嫁にすぎない。

（1）　本章の内容は、現在準備中の別稿（『ポジショナリティとジェンダー』第2章・第3章）で、具体的な事例を題材により踏み込んだ議論をおこなうので、関心がある人は参照してほしい。

この言説が奇妙なものであることは、次のように考えればすぐにわかるだろう。女性の服装と男性による性暴力加害との間には、何の関係もない。わかりやすくいえば、たとえ全裸で歩いている女性がいたとしても、痴漢などの性暴力をおこなってはいけないのである。女性の服装がどのようなものであるかは、男性の加害を何ひとつ正当化しない。これは論理的にも、実際の法の運用上でも、同様である。現在では、このようなもの言いが説得力をもつことはほぼないだろう。しかしこの言説は、男性たちの言い逃れの基本的な態度をよく表している。それは、責任転嫁と「加害者の被害者化」である。

このような言説では、男性が平穏に過ごしていたところ、露出の多い服装の女性を見たことによってその平穏さがかき乱され、突如として劣情の嵐に巻き込まれ、致し方なく、あるいは自動的・反射的に性暴力加害をおこなってしまうというストーリーが前提にされている。男性の理性的な平穏さをかき乱すのはあくまでも女性の側であり、あたかも女性の主体的行為によって男性による性暴力加害が引き起こされるかのような前提である。このような視点には、男性の被害者化（望みもしない欲情を突如喚起された）、あるいは男性の加害行為は不可抗力であるという加害性の軽減への志向が潜んでいる。これは性暴力加害という行為の責任を、女性側にすべてあるいは一部を転嫁しようとする意図によるものである。注意が必要なのは、すべての責任を女性に転嫁した場合、男性はむしろ被害者であるという主張が成り立つ点である。現実には、性暴力加害のような責任の所在について逃れようのない行為の場合に、すべての責任を女性に転嫁することは難しいが、このロジックが加害者の被害者化を志向するものであることは重要であり、ほかの社会的文脈では、そのような事態も起こりうる。[(2)]

同時にこの"露出問題"では、男性たちが自身の欲望を女性に投影していることも指摘できる。投影とは、自身の内面を他者に転嫁する認識のことである。つまり、「そんな格好をして、誘ってんのか？」というもの言いは、自身のなかにある欲望を女性の欲望として投影しているにすぎない。強引に誘おうとしているのは、このような言葉を吐く男性の側である。それは、肌

（2）　加害者の被害者化という現象と論理については、野村（2019）が詳しく分析しているので、あわせて参照すると理解が深まるだろう。

の露出に反応し欲情してしまう、自らの単純なセクシュアリティのありよう
を告白しているにすぎないのである。

「加害者の被害者化」の３つの手法

　このような「加害者の被害者化」の言説には、大きく分けて３つの手法が
存在する。

　１つ目は、文字どおり男性は（男性こそ）被害者であるという主張だ。こ
こで論じた"露出問題"はその典型である。この手法の多くは、因果関係の
逆転（男性の欲望を女性の欲望として投影するなど）や、真の原因や責任の所
在を隠蔽することで可能になるごまかしである。

　２つ目は、男性の被害者的側面を強調するものである。これはたとえば
「むしろ女性のほうが恵まれている」というようなかたちで表れる。両性の
平等が進む現在では、むしろ男性のほうが被害者だという論理である。第２
章で紹介した「レディース・デイ問題」もこの手法の一変種である。この手
法の背後にある認識を簡単にいえば、「社会的地位が高い女性が増えている
にもかかわらず、女性が差別解消の取り組みのなかで優遇されている（ある
いは差別解消を訴える）のは逆差別であり、女性はもはや強者だ」というも
のである。

　確かに、高所得者層の女性と低所得者層の男性を比べた場合、高所得者層
の女性のほうが社会的に恵まれているといえるだろう。しかし彼女が恵まれ
ているのは女性だからではなく、高所得者層だからである。もし高所得者層
の女性について考えるなら、同じく高所得者層の男性と比較しないと、同一
条件での比較にならずフェアではない。同様に低所得者層の男性も、低所得
者層の女性と比較されなければならない。社会的に高いステイタスにある女
性は、同じステイタスの男性よりも人数が多いだろうか。総合職の大半は女
性であり、男性は道を閉ざされるケースが多いのだろうか。低所得者層の女
性は、同じく低所得者層の男性よりも所得が多いのだろうか。いずれも否で
ある。階層（所得）という条件をそろえて比較すると、同一階層内の男女差
は明確であり、男性が優遇されていることがわかる。「女性が優遇されてい
る」という論法は、階層と性差の論点をすり替えることで、「強者としての
女性」という虚像を作り出し、一方で男性の恵まれなさ、喪失感、ついには
被害者性を強調するごまかしである。

106

3つ目は、女性も被害者かもしれないが男性もまた同様に被害者であると、「被害者性の共通性」を強調する手法である。この手法は、被害者性という共通項によって男女の格差や権力を隠蔽する。これは一見してわかりにくいぶん、悪質である。この手法については、第3節以降であらためて論じる。

2 ポジショナリティと男性の利益

逃避は男性だけに許される

ジョン・ストルテンバーグは「良心ある男性の10年を予言する」という文章のなかで男性の特権について、以下のように指摘している。

> 良心ある男性の多くは、フェミニストと認められている女性と、表向き何らかの関係を結ぶだろう。（略）この女性は「フェミニスト証明書」をくれる。プラスティックでラミネート加工したそのカードには、「フェミニスト女性の認可済」と彼女の名前入りで記されている。そのほうが都合がよければカードをちらつかせ、ポルノ雑誌を買うときは隠しておく。
>
> （略）政治的に目敏いフェミニストの戦友に「あなたはもう信用できない」と見切られ、付き合いを絶たれると――言い換えれば、フェミニストとしての意識からはじかれると――、良心ある男性の多くは、自分らしさを捨てて普通の男性のようになってしまう。自分も含めて、男性が女性を抑圧している、という事実を思い出さないですむ政治的問題に、関心を移していくのだ。たとえば、原子力エネルギー問題とか、外国で起こっている戦争とか、生協とか、家賃不払い運動とか。（Stoltenberg, 1989=2002: 226-227）

このストルテンバーグの文章は2つのことを示唆している。

1つは、繰り返しになるが、男性が女性差別に反対することは、その男性個人にとって得になりうるという点である。女性に対する人権意識や差別解消への意識を高めるほど、男性個人に利益がもたらされる。女性差別に反対

することは、男性にとっては個人的利益になりうるのだ。もちろん、それが
よくないことだとか、利益を避けるため男性は女性差別に賛同すべき、など
といっているわけではない。どのような動機であれ、女性差別の解消が進む
こと自体は両性の平等の実現にとって望ましいことであり、当事者である男
性には解消に向けた努力が求められる。ただし副次的な政治的効果として、
このような個人的利益が存在していることも事実である。

　つぎに——これが重要な点だが——男性は、いつでも女性差別解消という
行為から逃避・撤退が可能だということである。明白な性差が現れるのは、
この点だ。男性が女性解放から逃避したとしても、彼個人が男性として送っ
ている生活には何の変化も起こらないし、彼が男性として受け取っている利
益も変わらない。ただ、撤退したことについてフェミニスト女性たちの不評
を買うだけである。一方、女性の場合はそうはいかない。女性が女性解放や
性差別反対から逃避することは、自らの首を絞め、さらに状況を悪化させる
ことにつながってしまう。まだ獲得できていない権利や配分を得られなくな
るだけでなく、現在得られている権利や配分さえも手放すことになりかねな
い。このように、逃避・撤退という同じ行為にも明白な差が存在する。一言
でいえば、現状を維持しようとする場合でさえ、女性たちは逃避や撤退など、
したくてもできないのである。

　なお、逃避・撤退に際して、男性たちはあえてフェミニズムや女性解放に
異を唱える必要もない。男性たちの逃避は、文字どおり何もせず単に遠ざか
る、あるいはこれまでおこなってきたような差別解消を訴える言動をとらな
い、といった行為によって達成可能である。女性解放や性差別解消を目指す
行動を選択していたときと、それから逃避したときとで、得られる利益は何
ら変わらないからである。この点は、差別や抑圧という視点で考えるとより
明確になる。男性は、逃避や撤退をするか否かにかかわらず、被差別や被抑
圧とは無縁である。一方で女性は、差別や抑圧の関係が解消しないかぎり、
被差別・被抑圧という状態から逃避も撤退もできない。ストルテンバーグが
指摘するように、男性は自分が女性を抑圧しているという事実を忘れること
ができる。それを実際に忘れるか否かは個人的な問題であるにすぎない。一
方女性たちは、自己欺瞞の状態にいないかぎり、自分が抑圧されていること
を忘れることはできない。つまり、個人的な選択では解決が不可能な問題
だ。この違いを理解するのに重要な概念が、ポジショナリティである。

性差とポジショナリティ

　ポジショナリティは、集団間の権力関係とそれが個人的な関係に与える影響を分析する概念として注目を集めている。ポジショナリティは「帰属する社会的集団や社会的属性がもたらす利害関係にかかわる政治的な位置性」「集団間の権力関係が個人的関係に及ぼす権力性を分析する概念」と表現できる。[3]

　ポジショナリティという概念は、主に社会的関係が以下の3つの条件を満たす場合に有効なものになる。

　第1に、帰属集団間に権力・抑圧関係が存在し、それらの集団に帰属していることによる利害が双方に存在すること。性差別でいえば、女性と男性という集団の間に不平等や不均衡が存在し、さらにそれぞれに帰属する女性個人と男性個人の間にもそれらが反映されるようにして不平等や不均衡な力関係があり、女性／男性であることによる利益や被害が存在していること。

　第2に、その利害は個人の意志や選択の結果によるものではないこと。もし、それが個人的な選択の結果であるなら、それは個人的な利害ということになり、集団を基盤にしたポジショナリティの分析対象ではなくなる。性差別は、女性／男性であることによって利益を得られるか被害を受けるかが決まるため、これに該当する。たとえば、学校や企業、雇用慣行での男性優遇（女性の不遇）、社会に蔓延する男性中心的で男性がより優れているという感覚（ミソジニー）による優遇（不遇）などがそうした利益／被害に当てはまる。要するに、性差別の結果、優遇されていたり、性差による不利益を免除されていることすべてが該当する。[4]

（3）　ポジショナリティについては、2つの拙稿（池田, 2024a; 2024b）と池田編（2024）を参照するとおおよその全体像が把握できると思う。なお、より総合的な議論を拙著（池田, 2023）でまとめたので、関心がある人は参照してほしい。また、ジェンダーとポジショナリティにより焦点を当てた議論を、準備中の別稿（『ポジショナリティとジェンダー』）でおこなうので、ぜひあわせて参照してほしい。さらに、野村（2019）、岡（2000）なども参照するといいだろう。

（4）　平山亮は、男性であるだけで優遇されているというこのような状態を「履かせてもらっている下駄」と表現している（平山, 2017; 258-259）。この下駄という表現は、男性の特権性を表現する言葉として、女性学やフェミニズムでも頻繁に用いられてきたものである。

第3に、その帰属集団から個人の意志や選択で離脱することが、不可能かきわめて困難なこと。もし個人の意志で離脱可能な集団であれば、その利害は最終的には離脱する／しないという、個人的選択の結果であり、それは個人的利害だといえるからである。この点で、たとえば団体や企業などに帰属することによる利害はポジショナリティの分析対象から外れる。それらの集団から個人の意志で離脱することが可能だからだ（例外はありうるが）。一方、人種・民族集団、性別集団、年齢集団、短期的には社会階層などは個人の意志で自由に離脱することがきわめて困難であり、これらの集団に帰属することによる利害は、ポジショナリティの分析対象になる可能性が高い。

　ポジショナリティは、帰属する集団と相手の集団との関係性によって決定される。したがって、ポジショナリティのありようはその相手との関係性に依存する。たとえば、ある男性は、女性との関係のなかでは男性と名付けられ、同時に抑圧者という存在である。同時に彼は日本人でもあり、ほかのアジア諸国の人々に対しては日本人と名付けられ、抑圧者になりうる。同時にアメリカ人に対しては、日本人と名付けられ、被抑圧者ともなりうるだろう。さらに低階層に帰属する場合、低階層と名付けられ、高階層に対しては被抑圧の状態に置かれる。また何らかの地域間格差が存在する場合、その様態に合わせて名付けられ、様態（優位／劣位など）が決まるだろう。つまり、ある人物のポジショナリティは一つに固定されているわけではない。人はいくつもの集団に帰属しているうえ、それぞれの集団がどのような他集団との関係にあるかは一義的ではないからだ。ポジショナリティには、"誰との関係か"によって呼称（男性、日本人、低階層など）と様態（抑圧側／被抑圧側、優位／劣位など）が複数ありうる。そのため、関係性の数だけポジショナリティは存在することになる。また同じ呼称（たとえば日本人）であっても、その様態は相手によって変わりうる。これをポジショナリティの複数性と表現する。

　性差という関係では、いうまでもなく男性が抑圧側、女性が被抑圧側のポジショナリティにある。男性集団と女性集団の間には不平等や権力関係があり、それぞれに帰属する男性個人と女性個人の関係にもそれが反映されて不平等や権力関係が存在する。つまり、男性であることによる利益と女性であることによる不利益が存在しているということである。男性は、一般にさまざまな社会的場面（公的領域）で主役として扱われ、優遇されている。その

利益は男性であるなら一律に享受していて、これを個人単位で拒否することは、事実上難しい。

　たとえば、就職時の男性の優遇や企業に入ってからの昇進での男女格差などがこの利害に相当する。2018年に、東京医科大学などのいくつかの医学系大学で、女子受験生の得点が不正に操作され、女子受験生に不利益が生じていたことが報道された（ほかに多浪生への不利益や特定受験生への便宜が図られていたことも同時に発覚した）。これは男性医師を中心にした医療現場のあり方が招いた不公平であり、この際に得点を低く操作された女子学生とそれによってかろうじて合格できた男子学生のそれぞれには個人的な思想・信条にその利害の要因はない。その利害はどちらの性別集団に帰属しているかという点だけに依存するものだった。大学の不正という論点とは別に、これはポジショナリティの問題でもあった。このように、社会のさまざまな場面に女性だからこそ生じる葛藤や不利益が存在し、男性にはそのような葛藤や不利益が存在していないのならば、それらはポジショナリティに関わる利害といえる。

　女性／男性であることによって生じる利益や不利益について、個人の選択ではなく集団に帰属することによる利害の問題として捉え、その不平等や権力を考察するのがポジショナリティという視点である。先に論じたような、男性は被差別状況とは無縁で得られる利益が変わらないため女性差別反対からの逃避や撤退が容易であり、一方で女性は被差別状況から逃れること自体が困難であるという非対称性は、ポジショナリティの問題として理解可能なのである。

被投性への拒否感

　このようなポジショナリティの視点に対しては、拒否感も存在するだろう。それは、ポジショナリティで問題化される権力関係と利害が、個人の選択の結果ではないからである。とくにこの拒否感は、抑圧側のポジショナリティにある人々に頻発する。たとえば男性個人は、生まれる前に性差別などの情報を吟味して男性に生まれることを選択したわけではない（女性も同様）。しかし男性集団に属していることを理由にして、生まれながらに差別・抑圧の側に配置されてしまう。男性にとってみれば、自らの選択が不平等という結果を招いたと批判されるならともかく、選択したわけでもないこ

と（出生時の性別）のために差別者として批判されていると感じてしまうことは起こりうる。それは理不尽な批判と映るかもしれない。差別をするという選択をおこなった覚えはないのに、差別者と名指しされるのだから。そのため、間違っているのは自分ではなく、批判してくる相手だと感じることは十分にありうる。ときには出自について責められていると感じ「男に生まれたことが悪いのか、罪なのか！」などと見当違いの反応をしてしまう。

これは被投性と表現できる状況である。被投性とは、本人の承諾なしに状況にすでに投げ込まれている状態を指す哲学用語である[5]。ポジショナリティに対する拒否感の多くは、この被投性＝身に覚えのなさに起因している。しかし被差別側のポジショナリティに置かれる女性たちも、同様に身に覚えがないまま被投的に収奪の対象になっていることを忘れてはならない。身に覚えがない点では女性も男性も、同じなのである。にもかかわらず、一方は収奪してしまっていて、他方は収奪されてしまっている。これが被投的状況という言葉が表す現実である。

ポジショナリティを問題化するのは、このような状況が継続していることを明確にするためである。男性は、男性に生まれたことについて批判されるのではない。たとえ本人の選択の結果ではなくても、また本人が望んだわけではなくても、現実に権力関係から利益を得ていて、その状態がいまも続いていることが問題化されているにすぎない。自分が男性であることは、基本的には本人にも変えることができない[6]。しかし利益を得ているという状態は変えることが可能であり、その変革可能性を明確にするのがポジショナリティの議論である。したがって「男に生まれたことが悪いのか、罪なのか！」などの反応は、いわば"逆ギレ"だといえる。それは被抑圧者との対話の拒絶であり、被抑圧者への責任転嫁の言葉である。そしてそのような責任転嫁ができること自体、男性のポジショナリティにある者だけがもつ特権（利益）でもある。

（5）　被投性はマルティン・ハイデガーによる概念として登場し、その後、実存哲学の重要な概念として発展してきた。その議論はたいへん抽象的で複雑なので、ここでは「状況に投げ込まれてしまっている状態」と理解してさしつかえない。詳細な議論は、拙稿（池田, 2024a: 53-56）を参照してほしい。また実存哲学との関係など、より踏み込んだポジショナリティの被投性についての議論は、拙著（池田, 2023: 第12章）を参照してほしい。

本章の冒頭でアルベール・メンミの「性差別にかかわる事柄は曖昧な動機に基づく事柄が多い」という指摘を紹介したが、それはその曖昧さとして受け取られる事柄にポジショナリティが関係しているからである。男性個人が、自らの意志と主体的な選択によって女性の権利を侵害し利益を得ているというような状態ならば話は単純である。その男性の個人的選択を問題とみなして、責任を追及すればいいのである。しかし性差別（と差別一般）には、存在様態そのものがもたらす利益があり、それが被投的なものであり自明なものに感じられるほど、その維持の動機は背景に後退し、自然なことにされ、曖昧になるのである。

　性差別のような社会的関係を考えるうえでポジショナリティが重要なのは、第1に、現状を事実として認識する議論を提起する点にある。差別する意識があろうとなかろうと、差別するという選択をしたことに身に覚えがあろうとなかろうと、差別とそれによる利害は現実に存在し、当事者の双方にのしかかっている。身に覚えがある／なし、納得がいく／いかない、という感情や主観と、そこに抑圧や権力関係、利害が存在しているという事実とは関係がなく、被投性とも関係がない。ポジショナリティについての議論は、この現実と、差別や不平等の存在を事実として提示する（これは、第2章で論じた事実判断に属する議論でもある）。

　第2に、人々の現在のポジショナリティは被投的なもので個人が選択することはできないが、自分自身のこれからとあとの世代の人々がどのような条件で生まれてくるかは、現在の選択によって変えられる事柄である。現在は

（6）　このように書くと、たとえばトランスジェンダーの人々のポジショナリティはどのようになるのかという疑問を感じる人もいるかもしれない。紙幅の関係で本書では割愛するが、それは、医療的手段による性別変更という事実以上に、実際に社会でどのような存在として扱われているのか、どのような利害関係のなかに配置されているのかという事実に依拠して判断するべき問題である。この論点については、拙著（池田, 2023: 487-488）で論じたので、関心がある人はぜひ参照してほしい。
　　またポジショナリティを考えるに際しては、ポジショナリティを確定することが難しい境界的な事例も存在しうる。ポジショナリティは集団と個人との社会的結合を基礎とする概念であるため、現実の集団との社会的結合での境界的存在については、ポジショナリティの判断が難しいこともあるだろう。しかし境界的なケースが存在するからといって、ポジショナリティのありようについての原則までもが否定されるわけではないのである。

被投的に抑圧側／被抑圧側のポジショナリティに配置されてしまっている
人々も、そのようにポジショナリティを問題にしなければならないような関
係性そのものを変える協働を成し遂げられれば、自分の未来や将来の世代の
被投性も変化・解消されうる（これは、価値判断でもある）。つまり現在のポ
ジショナリティは過去にこれを変える選択をしなかった人々の結果として被
投的だが、将来のポジショナリティと被投性は、その解消も含めて現在の自
身の選択にかかっているのである。

3 | 男もつらいよ？

　男性個人による女性差別的な言動があまりにもあからさまな場合、ポジシ
ョナリティはあまり焦点化されない。実際にはすべての男性は女性に対して
抑圧者という同じポジショナリティにあるのだが、明白に女性侮蔑的な態度
は、ポジショナリティが問題になる以前に個人的な行為として批判の対象に
なる。同じポジショナリティにあるすべての男性が、そのような態度をとる
わけではないからである。個人のレベルで女性差別的言動や女性差別を助
長・容認するような行為をすれば、その個人的行為が深刻な問題として焦点
化され、個人的責任が追及される。
　ややこしいのは、女性差別に反対していたり、フェミニズムや女性解放に
親和的な態度をとっていたりする男性の場合である。たとえば「私は女性に
寄り添い、女性の権利拡大に貢献したいと考えています」という態度を示し
ている男性がいるとする。このような男性の場合、個人的な思想・信条とい
う点では差別解消と対立することはない。その言動や態度が心からのもので
あるかぎり、差別解消を求める女性たちとも協働することが可能だろう。し
かし、そのような男性たちのポジショナリティは、差別解消に冷淡である
か、あるいは差別の維持をもくろむ男性たちと依然として同じである。この
時点では、男性であることの利益から除外されていないからである。彼らの
ポジショナリティが変わるのは性差別が実際に解消されたときであり、その
ときには個人の思想・信条に関わりなく男性の女性に対するポジショナリテ
ィの様態は一律に変更される。そして、女性差別に反対だと表明している男
性たちと女性解放を求める女性たちとの間で齟齬や係争が発生することがし

114

ばしばみられる。この場合、個人的な選択によるものである思想・信条や抑圧に対する態度が問題化されることはないだろう。そのぶん、ポジショナリティの相違が焦点化されるのである。

この点を考えるのに示唆を与えてくれるのが、男性学と呼ばれる一群の議論である。日本での男性学は、1986年に渡辺恒夫の『脱男性の時代』によって開始されたとされる（上野, 1995: 4）。男性学を体系化したのは伊藤公雄らであり、伊藤は男性学を「男性の視点から、この男性社会を批判的に解剖することを通じて、男性にとってより"人間らしい"生活を構想するための（それは、女性にとっても望ましいことだろう）"実践的な学"」と表現している（伊藤, 1996: 130）。

ちなみに私は、男性学の功績を高く評価している。男性学は、男性の普遍性を相対化し、女性と同等の土俵で男性のジェンダーを議論できる基盤を準備した。つまり男性学は、男性自身がジェンダーの当事者であることの、具体的な議論を提起するものだったといえる。男性学は、男性の固有性を「男性という特殊性」という視点で論じたのである。なかでも男性学の発展に大きく貢献してきた伊藤公雄の議論には、その根本に両性の対等性を希求する精神があることが感じられる。彼の議論に目をひらかされると同時に、男性の権力性を考える視点を私は教えられたと思っている。また、男性学にも30年超の歴史があり、その論点も多様である[7]。ただ、男性学の多様性を評価しながらも、権力作用との関連で問題だと思うのは、男性の被抑圧性の強調という傾向がみられることである。

男性もまたジェンダーの影響下にあるという指摘は、男性の権力を考えるときに諸刃の剣のような効果をもたらす。男性学初期の伊藤らの議論に特徴的な論点として、男性もまたジェンダー規範に拘束され抑圧されているというものがある。伊藤はこれを「男らしさの鎧」と表現した。たとえば過労死や自殺は男性に有意に多く、これらは男らしさの規範を内面化した結果であるという議論である。男たちは自立した強い存在であることを規範として求

（7）　多賀太によると、男性学は、伊藤公雄らに代表される問題提起と運動の啓発期である第1期（1990年代）、男性内部の多様性のために運動は停滞したものの学術概念の基礎が準備された第2期（2000年代）、男性性の複数性に注目しジェンダー分析の視点も加えて男性学が幅広い男性層から再注目された第3期（2010年代）の3期に区分されるという（多賀, 2019: 22-27）。

められ、その結果、ガチガチの鎧を着込んだような生活態度をとることが内面化され、男性たちの生きづらさの原因になっているという指摘である。つまり「男もつらいよ」ということである。[8]

　男性もまたジェンダー規範を内面化しているという指摘は、正しい。それによって男性もまた生きづらさを感じているということも、男性の主観としてはありうることである。しかし、女も男もまったく同様にジェンダーに抑圧されているかという点については、慎重に考える必要がある。規範を内面化している点は同じでも、それによる結果が女性のそれとは異なっているからである。早い話が男性に有利、女性に不利なのである。この点については、渋谷知美が男性の苦痛は男性の特権と表裏一体であり、むしろ特権を維持するためのコストである可能性があるとし、男性の被抑圧性の強調が両性に対する抑圧の大きさの違いを矮小化する危険性があることを指摘している（渋谷, 2001: 453-454）。つまり、男性の被抑圧性だけを強調し、被害性を共通化することは危険であるということだ。

　男性を単に女性同様の被抑圧者だとすると、少しおかしなことになってしまう。だとしたらそもそも、誰が男性を抑圧しているのだろうか。男性もまたジェンダー規範に抑圧されているとしても、そのような規範を維持しているのは誰かという問いである。それは女性ではない。つまり、男性が自ら規範に縛られているだけである。一方で女性に対しては、男性による抑圧（規範の強制）は明白に存在している。男性の被抑圧性を過度に強調すると、抑圧者としての男性の重要性から目を背けさせる恐れがある。つまり、女性を抑圧している抑圧者の存在が消去されてしまう事態になりかねない。男性学の多くはこの点を慎重に論じているものの、論理的にこの可能性は常に存在している。

　このことは、「男らしさの鎧」をどのように解決するかという論点でより問題化される。伊藤公雄は、このような男らしさの鎧を脱ぐことによって、男性も人間性を回復することが可能だと論じている。男性は生活維持面で女性に依存し自立できていないと指摘し、家庭のあれこれに参加することで生

（8）　江原由美子は、第3期男性学（2010年代、本章の注（7）を参照）の特徴を「男はつらいよ型男性学」と名付けている（江原, 2020）が、この傾向は男性学の初期から存在していたと思われる。

活上の自立が獲得可能であり（伊藤, 2002: 46-50）、他方で女性の社会参画を促すことによって男性中心の硬直化した社会のありようを転換するべきだと論じている（伊藤, 2003: 75-76）。これは男性に対する「鎧を脱ごう」という呼びかけであり、それ自体の意義は大きいだろう。

　しかしこの「脱鎧論」にも奇妙さが残る。それは、男性変革の一端として女性の社会進出が前提とされている点である。現実的な展開として考えると、女性の社会進出が進めば「男性の家庭進出」も進む可能性はある。しかし男性中心主義社会の問題点（男らしさの鎧も含めて）は、男性が勝手に作ってきたものであり、それが問題であるならば解決する責任を負うのは女性ではなく男性のはずである。女性の社会進出に手伝ってもらわなければ鎧を脱げないのなら、それは甘えた態度といえないだろうか。つまり、鎧くらい自分で脱げ、という話だ。伊藤の議論の本来の趣旨に沿うならば、男性たちは女性の助けを借りずに自ら鎧を脱ぐことが必要だ。またそれは本来可能なことであり、女性の社会進出のありようとは関係なく、男性による一方的な特権の放棄（男性の社会撤退）と鎧の着脱が求められるはずである。[9]

4 | 男性内の配分の問題 （複数性の問題）

多様性の強調

　あらゆる差別で、差別を曖昧化するために用いられる論法に、差別の当事者双方の多様性を強調するというものがある。性差別の文脈に沿っていえば、「男性にも性差別に反対する者がいて、一方で加担する女性もいる」というようなことである。その結果、「単純に男性／女性という区分によって抑圧／被抑圧という関係を捉えても、問題の解決につながらない」という議論が頻出する。[10]

　確かに、性差別に反対する男性も加担する女性も現実に存在する。このこ

（9）　男性の「社会撤退」の必要性については、拙稿（池田, 2004: 17-18）を参照されたい。また現在準備中の別稿（『ポジショナリティとジェンダー』第3章）でも詳しく論じる予定なので、参照してほしい。

と自体は事実である。しかし問題解決との関連性については、注意が必要である。差別に反対する男性や加担する女性が個別にいたとしても、差別や抑圧が存在すること自体とは無関係だからである。さらにポジショナリティを考慮に入れると、女性と男性には集団に属することによる利害が存在しているのであり、単純に女性／男性という区分があること自体のためによって被抑圧／抑圧として把握される関係が存在している。それぞれの区分に属する個人が差別に反対したり加担したりすることは、個人的選択として称賛されたり個人的な責任を追及されたりする事柄だが、そうした個々の行為で差別や抑圧の関係がすぐさま消えてなくなるわけではない。差別反対の行為が蓄積し実を結び、集団に属することによる利害が解消されるとき、個人のポジショナリティのありようも一律に変更される。

　女性も男性も多様なのだから、集団として差別や抑圧を論じるべきではないとする見解は、この点を無視している。それは差別や抑圧のすべてを個人の行為水準で解釈する視点であり、集団間の権力関係と属する集団によってもたらされる集団的利害を無視している。男だからといって一括りに批判するなというのは、事実上の批判の禁止命令である。これこそ権力作用そのものである。これは、別の論点（両性内部での多様性）を持ち出して、都合の悪い別のこと（男性が性差別の実行者というポジションにあること）をごまかそうとする論法で、相殺法（解説8）と呼ばれるものの一種である。

男性性（マスキュリニティ）の複数性

　そして男性学の議論においても、男性の複数性・多様性を強調する傾向が存在する。この傾向は男性学の初期から存在するものの、とくに近年の男性学（第3期男性学、本章の注（7）を参照）で主要な論点として焦点化されている。そうした議論では利害配分に関わる点が焦点化されていて、ポジショナリティとより深く関わる文脈にもなっている。

　男性学研究者の多賀太によると、2010年代以降の日本の男性学では、ロバート（レイウィン）・コンネルの影響を受けた議論が目立つという（多賀,

---

(10)　このような議論の具体例は、拙稿（池田, 2003: 20-22）を参照されたい。また現在準備中の別稿（『ポジショナリティとジェンダー』第2章）でも詳しく紹介・検討するので、参照してほしい。

2019: 25-27)。コンネルの議論では、男性性（musculinities）の複数性（したが
って英語表記も複数形であり、なおかつ男性の複数性ではなく男性性の複数性で
あることに注意）が論じられている（Connell, 1995=2022）。コンネルの議論を
もとに多賀は、男性性には男性の権威や利益、優位な地位と結び付く「ヘゲ
モニックな（覇権的な）男性性」があるとする。この種の男性性は権威的で
支配的な男性のあり方を称賛し、自ら進んで従属的・依存的・補佐的に振る
舞おうとする女性たちの存在によって正当化されると論じる。一方で「ヘゲ
モニックな男性性」を欠いた劣位の「従属的な男性性」を体現する男性たち
もいて、女性たちからは軽んじられている。女性たちの態度を介して、複
数の男性性によるジェンダー秩序が形成されているという（多賀, 2016:
38-42）。つまりこれは、男性内格差の指摘である。

　ここで注意が必要なのは、男性内の秩序形成に女性の行為が組み込まれて
いる点である。確かに、ヘゲモニックな男性性を支持する女性はいるだろ
う。多賀は「女性であっても、ヘゲモニックな男性性を支持・称賛し、そう
した男性との私的なつながりを通してこの「分け前」を得るチャンスがあり
うるとすれば、女性もまたこの「共犯」に荷担しうると考えてよいだろう」
と論じるのだが（多賀, 2016: 43）、この認識は妥当なものだろうか。彼女た
ちは男性の利益を維持・深化させるために、男性たちによって作り上げられ
た存在とはいえないだろうか。もちろん多賀もこの点には注意を払ってい
て、「そうした女性たちの期待は、むしろ男性支配の正当化戦略にまんまと
乗せられている、あるいは、そのことは十分承知のうえで、男性に比べて社
会経済的に機会が制限された不利な状況のもとであえて採っている生き残り
戦略として理解すべきであろう」と述べ、限られた選択肢のなかでの合理的
選択として捉えている（多賀, 2016: 53-54）。しかしそれでもなお、この議論
には重要な視点が欠けていると思われる。[12]

---

(11)　多賀は「従属的な男性性」を体現する男性たちが「ヘゲモニックな男性性」を支持
　　し称賛することで男性支配体制の維持と正当化に加担していて、それによって集団
　　としての女性の隷属から集団としての男性が得る利益や威信の「分け前」を得てい
　　る、とコンネルの議論を紹介し、それを「共犯性」（complicity）として紹介してい
　　る（多賀, 2016: 42-43）。なお本章の本文を含めて、これらはあくまでも多賀によ
　　るコンネルの議論の解釈を紹介している。

こうした女性たちからの社会的成功や扶養責任への期待に十分に応えられるのは、男性のなかでもよりヘゲモニックなタイプの男性たちである。より従属的な側に位置づけられた男性たちは、そうした女性たちの期待に応えられないばかりか、それによってますます追い詰められる。したがって、そうした男性たちが、女性なら免れうる稼得責任や社会的成功、リーダーシップや弱音を吐かない姿勢などを期待され、それらを果たせなければ女性とのパートナーシップを築きにくい現状に理不尽さを感じることや、男性たちにそうした過酷な期待を向けてくる女性たちに対してその不満をぶつけたくなる気持ちは理解できる。（多賀, 2016: 53）

　このような2010年代以降の男性学、とくに男性性の複数性を強調する議論に対して厳しい批判を投げかけている一人が平山亮である。平山は、従属的男性性に置かれた男性たちの生きづらさと、生活基盤に常に不安を覚えざるをえない女性の生きづらさを同列に捉える議論を批判する。それらは質も文脈も異なり、「生きづらさ」という言葉の共通性で括ると両性の格差や差別を隠蔽しかねないという。平山は、男性学にはそのような他者との関係性の視点が欠落していると批判する。そして平山は、ここで引用した多賀の見解もまた保守性の現れであると批判する（平山, 2017: 238-241; 256 (5)）。なぜなら従属的な位置にある男性も、「共犯に加担」する女性も、ともにヘゲモニックな男性性の産物にすぎないからである。

　この点は、ポジショナリティに付随する集団的利害について考えればわかりやすいだろう。従属的位置にいる男性が、たとえ女性たちからの期待に追い詰められていると感じたとしても、それは女性たちのあずかり知らぬことである。従属的な男性の存在は、女性たちに格別の利益をもたらしていないからである。もし、「ヘゲモニックな男性たち＞女性たち＞従属的な男性たち」というジェンダー秩序が存在していて、その秩序から女性たちが集団として利益を得ているのであれば、確かにその種の女性たちはこの秩序の維持について共犯的（従犯的）な責任があるといえるかもしれない。それならば

---

(12) この点について、拙著（池田, 2023: 61-63）と現在準備中の別稿（『ポジショナリティとジェンダー』第3章）でより詳しく論じる予定なので、参照してほしい。

「女性に不満をぶつけたくなる気持ちも理解できる」という見解にも一理あるといえるかもしれない。しかし現実には、そのような秩序があるわけではなく、むしろ従属的な男性たちにも、男性であることによる集団的な利益が存在している（ポジショナリティに関わる集団的利益）。それは、すべての女性が得られない利益である。

　たとえ男性性が複数であろうとも、男性たちが共有している利益が存在することが問題なのである。男性内での集団的利益の分配に偏りがあったとしても、すべての男性にとってその分け前はゼロではない。一方すべての女性はゼロである。これはポジショナリティに付随する集団的利害であり、たとえ特定の女性が特定のヘゲモニックな男性から何らかの「おこぼれ」を得ていようが、それとは無関係な集団的利害である。従属的な男性たちの生きづらさは、男性内部での利益配分をめぐる問題である。この配分について、女性たちは直接的に関わっていない。ヘゲモニックな男性性を有する男性たちが、一部の女性たちから期待を集めそれに応える一方、従属的な位置の男性たちがそれに失敗するとして、それは男性が自ら作り上げた男性内部の秩序階層がもたらした結果にすぎない。そのことは、女性たちから期待を集めるだけでは、男性内部でヘゲモニックな位置に"成り上がれる"わけではないことを考えればわかるだろう。したがって、自らの「生きづらさ」とは利害関係がない女性たちの行為を俎上に載せることは、ほぼ"言いがかり"に等しい。たとえ女性たちからの期待があったとしても、それは男性による男性内秩序がもたらす結果であって、原因ではない。[13]

　やや乱暴なたとえを出すならば、この議論は、捕まった窃盗団の下っ端が「私は分け前が少ないのだから、文句をいうな。むしろ盗まれる隙があった被害者側にも問題がある」と被害者に対して主張するようなものである。分け前に不満があるのなら、それは窃盗団の頭目にいうべき事柄であって、被害者に主張するのは筋違いも甚だしい。被害者からみればまったく関係がない話である。被害者にとっては分け前の多寡などどうでもよく、たとえ下っ端であっても、窃盗団の窃盗行為に関わっており、わずかでも分け前にあず

---

(13)　このような集団内の多様性や格差を根拠にして、ポジショナリティをごまかしたり、責任を転嫁したりする手法については、拙著（池田, 2023: 477-481）で論じたので、あわせて参照してほしい。

かっていること、そしてその分け前は自分から盗んだ財貨であることがすべてである。分け前の有無だけが被害者と加害者の関係を規定するのであって、その多寡は関係ないのである。

　また、たとえ被害者の側に隙があったとしても、それが窃盗行為を何一つ正当化しないことはいうまでもない。それは百パーセント加害側の問題と責任である。たとえば、被害者と窃盗団の下っ端が、頭目の目を欺いて密かにつながっていて、狂言強盗をおこなってのちに利益を山分けしていた、などというケースでもないかぎり、被害者に何らかの責任を負わせようとするのは、単に責任転嫁である。

　窃盗団のたとえは極端に思えるかもしれないが、ロジックとしては、女性たちに対して、男性内の格差や配分の偏りを主張したり、共犯的な女性もいると主張したりすることは、このたとえと同様なものである。

　そしてこの種の男性学言説では、女性の「共犯加担行為」なるものが過度に強調されている。たとえば先の多賀による引用では、稼得責任や社会的成功、リーダーシップなどへの期待を「女性なら免れうる」と表現しているが、それらは長らく女性たちが求めても手に入れられないものであった。なぜなら、それらを男性たちが独占してきたからである。女性からみれば、期待されるのがいやならば、特権を放棄すればいいだけのことである。このようなもの言いは、特権を放棄しないままに、「放棄できないのは期待されているから」といいながら放棄しない男性たちの決定の責任を、女性たちに転嫁するものである。つまり、一部の男性の生きづらさを、女性に対して責任転嫁している。さらにこのような転嫁は、男性性秩序に加担する女性／加担しない女性、という新たな女性の分断のロジックにもなりうる。一見、利害についての議論を基盤にしているかのようにして、男女双方の集団内での複数性が強調されればされるほど、男性の集団的な利益の存在、女性の集団的な不利益の存在は背景に後退させられる。

　なお念のために付記すれば、私には男性学のすべてを批判・否定する意図

（14）　ここで稼得責任と述べられているものも、実際には稼得能力と表現されるべきである。それは他者（女性）からの要求への応答のために男性に与えられているものではなく、男性たち自身の行為の蓄積によって独占的に備わってきた能力だからである。

はない。男性の状況を男性の視点で理解・解釈しようとする試み自体には意義があると評価している。しかしその試みの過程で、ポジショナリティを軽視することがあれば、それらは常に欺瞞のロジックとして作動してしまう可能性があるのである。

解説8　相殺法

　本章第4節で言及した相殺法とは、論理学で詭弁・強弁の一種とされるごまかしの論法のことである。相殺法は、何らかの批判を受けたとき、それとは関係がない事柄を持ち出し、それによって相手をひるませ、自分の非を曖昧にしようとする（相殺しようとする）。たとえば、宿題を終わらせていないことを親に怒られた子どもが、「お母さん（お父さん）だって掃除を終わらせてないじゃないか」と反論するような論法がそれにあたる。親が掃除を終わらせていようがいまいが、子どもが宿題を終わらせなくてはならないことは変わらない。にもかかわらず、相手が引け目を感じるようなことを話題に持ち出して、自分の非を曖昧にして逃れようとするのが特徴である。男性による「女性にも差別に加担する人がいる」「女性だって外国人を差別することがある」などのもの言いは典型的な相殺法である。差別に加担する女性がいようと、外国人差別をおこなう女性がいようと、それらのことは男性の女性差別を正当化しないのである。

　また野崎昭弘は、相殺法のバリエーションとして、一般的事実との相殺という論法を挙げている。たとえば、駐車違反を摘発された際の「ほかの人も駐車違反しているじゃないか。なぜ私だけ違反切符を切られるんだ。不公平だ」という主張などである。野崎は、警察は故意に特定の駐車違反を見逃していないかぎり、違反の取り締まりに鋭意努めていれば十分なのであって、この論法はすべての駐車違反を摘発するなどという不可能なことを盾にし、自らの非を相殺するものとしている。これは、摘発されない違反もあるという一般的事実と自らの罪を相殺する手法で、より悪質だと野崎は論じている（野崎, 1976: 47-48）。実は、男性も抑圧されているという主張は、この一般的事実との相殺法の一種でも

ある。男性にも女性にもそれぞれ抑圧されている側面がある（一般的事実）としても、だからといって男性による女性への抑圧は帳消しにはならないのである。

　以上の相殺法はジェンダー領域で頻繁に繰り出される詭弁の論法である。また、ジェンダーに限らずあらゆる差別や抑圧関係でも同様にこの論法は使われる。相殺法という視点があるだけで、身の周りのおかしな論法とごまかしに気づく可能性が高まるだろう。

第5章をより理解するためのブックガイド

　①ポジショナリティについては、本章の注（3）に書いたように私自身が『ポジショナリティ』勁草書房（2023）で総合的に議論している。ただし、この書籍はポジショナリティについて総合的に論じていて相当な分量（そして価格も）になっているため、初学者は**池田緑編『日本社会とポジショナリティ』明石書店（2024）**を参照するといい。ポジショナリティについての理論的要点を知ることができ、複数の著者による日本社会の事例分析を読むことができる。また**池田緑『ポジショナリティとジェンダー』（2025出版予定）**では、ジェンダー領域でのポジショナリティの問題を集中的に論じる予定である。より入門的なものとしては、同じく拙稿「**ポジショナリティ・ポリティクス序説**」（2016、論文）がある。また、日本語で本格的にポジショナリティを論じたものとして**野村浩也『増補改訂版　無意識の植民地主義』松籟社（2019）、岡真理『彼女の「正しい」名前とは何か』青土社（2000、2019に新装版）**がある。さらに**上野千鶴子編『脱アイデンティティ』勁草書房（2005）、高橋哲哉『沖縄の米軍基地』集英社新書（2015）、同『日米安保と沖縄基地論争』朝日新聞出版（2021）**などにもポジショナリティへの言及があり、これらを参照すると理解が深まるだろう。また、ポジショナリティという用語は使われていないが、男性のポジショナリティを正面から論じたものに、**ジョン・ストルテンバーグ『男であることを拒否する』勁草書房（2002）**があり、一読の価値がある。

　②男性学については、現在入手が容易なものに**伊藤公雄・樹村みのり・國信潤子『女性学・男性学　第3版』有斐閣アルマ（2019）**があり、男性学の

概要が理解できるだろう。また男性学の各論点について知りたい場合、天野正子・伊藤公雄他編『新編 日本のフェミニズム12 男性学』岩波書店（2009）を参照するといい。男性学への批判については多くが論文形式のものであるため、本章の引用表記を元に巻末の参考文献の情報をみて入手するといいだろう。書籍では平山亮『介護する息子たち』勁草書房（2017）で、本章内容と同様の視点による批判が展開されている。またこの本では、自立とは、なんらかの依存を「なかったこと」にすることで成立する虚構（フィクション）だという視点が、介護という関係性を中心に検討されていて、ジェンダー論全般に関わる重要な視点を提供している。さらに、男性学への批判的な視点も含めた編集方針に基づき、国外の男性学の基本文献を紹介するものとして、平山亮・佐藤文香・兼子歩編『男性学基本論文集』勁草書房（2024）がある。本格的に男性学を検討したい人に薦める。

　③相殺法については、野崎昭弘『詭弁論理学』中公新書（1976、2017に改版）がわかりやすく、入手も容易である。相殺法にとどまらず、さまざまなごまかしのロジックを分析していて、なぜ人々がごまかされてしまうのかを理解するには最適である。

第6章

ジェンダーと
社会的結合

本章、そして第7章「ジェンダーと権力作用」では、ジェンダーに関わる権力作用が発生する諸相を、社会的結合（social bonds）というプロセスに着目することで考えてみたい。本書での社会的結合とは、人々が出会い、そこに関係性が存在する状態を幅広く捉える概念として理解してもらえばいい。ただし社会的結合は、望ましいもの、社会的に肯定されるものであるとはかぎらない。たとえば、ある人が旅に出て現地の人と仲良くなる、オーバーツーリズムのために観光客と地元民との間でトラブルが発生する、観光客が旅先で違法薬物に手を出し現地の薬物コミュニティの人々と背徳感を共有する。これらはすべて社会的結合である。つまり社会的結合は、単純に何らかの関係性が事実として成立している状態を指す概念といえる。したがって、本章でこれから紹介する権力作用も、それを通じ社会的結合を形成するものだといえるのである。

1 ｜ 男性たちの社会的結合

ホモソーシャルな結合

　本書はジェンダーを通じた権力分析の入門書であるため、議論が複雑にならないように、セクシュアリティに関わる論点は原則的には採りあげていない。しかし、ホモソーシャリティだけは紹介せざるをえない。イヴ・セジウィックによるホモソーシャルという概念は、近代社会の男性たちの社会的結合について新たな視点を提供し、現在ではジェンダー論の基本的前提になっている。以下、セジウィックの議論を補足しながら要約する。

　近代社会では、男性が公的領域で活動するようになり、ドメスティック・イデオロギー（第3章「制度か心か──フェミニズムが問題にしてきたもの」を参照）が一般的なものになる。同時に人口管理が重要な課題になり、女性の生活はリプロダクションを中心に再編成されるようになる。そのなかで、人々の結び付き方も性を中心に再編成される。まず禁止されるのは、男性同士の性的な結び付きである（同性愛タブー）。なぜなら、この関係はリプロダクションにつながらないからである。男性同士の結合関係から性的要素が慎重に取り除かれ、情緒的な関係だけが正当な社会的結合とされるようにな

る。しかし強い情緒的結合は、男性たちが忌避すべき性的な結合と類似せざるをえない。たとえば、信頼、憧れ、ライバル心、同一化欲求（あいつのようになりたい）などの感情は、性的な欲求ともきわめて近い位置にある。もっとも推奨され求められる絆は、最も禁止される絆と紙一重なのである。

そこで、男性間の情緒的結合（社会的結合）を安定化させるため、その外部に女性が性的存在として配置される。男性たちは、女性を性的関心の対象とみなしていることを相互に表明しあうことによって、男性間の性的な結合可能性を事前に排除し、社会的関係の安定性を確保しようとする。その結果、男性間で過度の男性性（マスキュリニティ）の獲得、そして女性らしい仕草や態度への嫌悪（ミソジニー）が発達する。その根源にはホモソーシャリティに基づく同性愛嫌悪（ホモフォビア）がある、というものである。

海外ドラマなどでありがちな、街角でたむろしている不良の男たちが、目の前を通った若い女性をはやしたてる場面。あれは何をしているのかといえば、自分は目の前の女性に性的な関心をもつ者であると仲間内で表明しあい、不良仲間同士の社会的関係を安定させているのである。男性サラリーマンが、新たな取引先との商談後にともに夜の街に繰り出し「おねえちゃん」がいる店で歓談するのはなぜか。相互の親睦を深めるためだけならば、居酒屋や落ち着いた雰囲気のバーで語ってもいいはずである。それは、よく知らない男同士が性的関心を相互にもつ者ではなく、目の前の女性に関心を向け

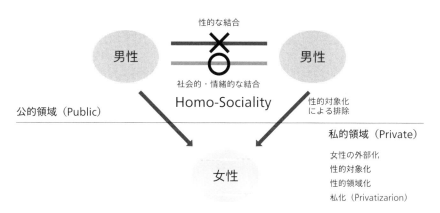

図　ホモソーシャルのイメージ（筆者作成）

る者であることを表明・確認しあい、仕事・取引という社会的関係を安定させようとしているのである。この点で、いわゆる「水商売」と呼ばれる業界は、ホモソーシャル産業という側面も有している。

　男性たちの社会的結合の安定化のために、女性が排除される点は重要である。このプロセスのなかで、女性は外部化され、性的存在とみなされ、公的領域から締め出され、さらにミソジニーの対象として劣位に置かれてきた。女性たちにとっては迷惑な話で、たまったものではないだろう。女性が社会に進出しようとするたびに、男性たちのホモソーシャルな感覚が女性を排除しつづけてきたのである。

　1960年代から80年代くらいまでの少年マンガにはしばしば学級委員長的な女子が登場したが、その描かれ方はたとえばおかっぱ頭に牛乳瓶の底のようなメガネをかけていることが多かった。おかっぱ頭や牛乳瓶メガネは「かわいくない」ことの記号的表現で、ヒロイン女子の可憐な描かれ方とは対照的である。学級委員などの公的な活動、すなわち男性のホモソーシャルな領域には、女性は女性としての魅力を放棄しなくては参加が許されないというメッセージである。男性たちは、女性が女性的な魅力を維持したままで、男性の社会的関係に参加するような場面に直面すると、混乱するのである。その混乱はホモソーシャルな感覚によってもたらされるものであり、男性の領域に参加する女性は、その秩序を守るため、いわゆる「紅一点」として女性性を体現するマスコット的存在か、女性性を放棄した学級委員長的存在であることが求められたのだ。そしてこのように男性たちが女性を性的存在として外部化しつづけるなかで、女性たちに対しての一つのホモソーシャルな基準が出来上がる。それが美である。

美とは何か

「美とは何か」といっても、ここで哲学的・美学的な話をするわけではない。男性たちによって女性に課された規範としての美についての話である。結論からいえば、女性たちに求められる美しさとは、その社会の男性たちが共有している、女性のホモソーシャルな序列化基準のことである。それが「美」と名付けられてきたにすぎない。ホモソーシャルな排除の結果、女性たちは性的存在として外部化される。一方、男性間では、どのような女性を獲得するかをめぐる競争が発生するが、この競争もあくまでホモソーシャリ

ティの発現として理解できる。

　男性たちが口にする「かわいい」や「美人」という概念は、この序列化基準のことである。これらは範囲が狭く、類型化されている。それぞれが指し示す具体的な像は、時代や場所によって異なるかもしれないが、その場の男性集団に共有されている序列化指標であることは変わらない。なぜなら、男性同士のホモソーシャルな競争のなかで、相互承認のための基準として「女性の美」が位置づけられてきたからである。

　社会的に成功した男性が美しい女性を妻にするというケースは、世界中でしばしばみられる。いわゆる「トロフィーワイフ」である。なぜ、美しい女性がトロフィーになりうるのだろうか。男性にとっての女性の美しさは、自らの成功や存在への称賛、承認として存在している可能性が高い。それが示しているのは、ほかの男性による自らに対するホモソーシャルな承認である。それを測る基準を女性の「美しさ」と呼んでいるのである。女性の美しさとは、男性に共有されたホモソーシャルな承認基準なのである。

　したがって、美しい女性を獲得したいと思う男性は、それによってほかの男性からうらやましいと思われなければ満足しないだろう。自分の彼女について、周囲の男性は全員がガーゴイルにそっくりだと言うけれど自分だけにしかわからない美しさがあると思う、ということではダメなのである。もちろん、そのような美の感性は規範に捉われないすばらしいものだと個人的には思うが、現実的には、ほかの男性からの称賛が得られなければホモソーシャルな満足感は得られないだろう。

　ホモソーシャルな満足感を得るためには、「おまえの彼女はかわいくていいなあ」「美人な奥さんでうらやましいですね」といわれる必要がある。それが男性間の社会的関係のなかでの自らに対する一つの承認だと考えられているからである。自らの"所有"する女性について、ほかの男性に羨望されることが、自らのホモソーシャルな承認と資源になりうる。その結果、女性には「美」という義務が課せられ、それをめぐって女性たちがさらに競争し、序列化され、分断され、男性による女性支配が容易になるのである。「美」とは、男性による女性支配の手段であり、同時に権力装置でもある。

　多くの男性たちは、類型化された記号を欲望するように誘導されている。世のアイドルと呼ばれる女性たちは、それらのホモソーシャルな記号の類型を具現化する存在である（アイドルという言葉が偶像という意味をもつことは

偶然ではない)。もちろん、その基準は単一ではないだろう。男性たちが所属する集団やコミュニティ、共有されているホモソーシャリティの内容によって、多くのバリエーションがありうる(たとえば、かわいい、美人、メガネっ娘、ボクっ娘、など)。しかしそれらのバリエーションも、グループや集団ごとに細分化され類型化されたホモソーシャルな基準であることに変わりはないのである。

女性にホモソーシャリティは存在するか

　授業でホモソーシャリティについて話すと、しばしば「女性にもホモソーシャリティはあるのか?」という質問を受ける。これについて現時点で判断することは難しい。ホモソーシャリティは、公的領域の社会的関係から女性を外部化する機序を明らかにする概念である。現状で、女性が男性を外部化して公的領域を独占しているという状況が存在しているわけではない。そのため、女性間に男性と同等な意味でホモソーシャリティが存在するとはいえないだろう。確かに「イケメン」などの外見的な要素と結び付いた男性の序列化基準もなくはないが、それよりも男性の稼得能力や社会的地位のほうが、女性間での競争ではより重要な意味をもってきた。しかもそれらは女性の生存戦略と深く結び付く基準であり、男性間での承認獲得競争のそれとは意味が異なっている。

　とはいえ、今後女性の社会進出がさらに進めば、男性間のホモソーシャリティの意義が低下し、女性間での社会的関係を安定化させる仕組みに注目が集まる可能性はある。それが男性間のホモソーシャリティと同じようなものになるか、異なるものになるかは、未確定な状態にあると思われる。ホモソーシャリティに近似すればそれは女性が「男性的な存在」になることを意味し、近似しなければ別のジェンダー秩序が形成されることになる。その優劣の判断基準も含めて、それらは男性が裁定するのではなく、女性たち自身の生活と行為によって形作られるものになるだろう。

2 ｜ 異性愛での社会的結合

婚姻と恋愛をめぐる認識と関心

　本章では以降、恋愛や婚姻（結婚）、家族について、社会的結合と権力作用の観点から簡単に論じる。実はこの観点から提示する論点はそれほど多くはなく、権力作用のありようも単純である。一方でこの3つのテーマについては、個人の主観や経験について考えればいくらでも論点が出てくるだろう。たとえば、なぜ私はモテないのか、なぜあの人は振り向いてくれないのか、など。実際にこれらの領域については、学術的研究書からエセ心理学まで、出版されている書籍の点数は多い。しかし社会学を土台にした本書では、そういった個人的・主観的問題について論じるわけではない。

　権力作用という観点で重要なのは、女性への支配、女性の労働力、セクシュアリティの管理という論点であり、これらの支配・管理は恋愛から婚姻、家族へという流れを一直線に連続するものとして形成されている。恋愛と結婚、家族はいずれも制度であり、制度の権力分析は比較的わかりやすいものである。一方で、女子大学でジェンダー論を教えていて感じるのは、学生たちのこれらの領域への関心の高さである。これは、先に書いたような個人的で主観的な関心（なぜ自分の恋愛がうまくいかないのかなど）が背後にあると推測できる。残念ながら、社会学はそのような関心に対する回答を扱うものではない。また、権力作用の分析としては比較的単純なものであるにもかかわらず、ほかのテーマではより複雑な分析を理解可能な学生たちが、なぜかこの領域については理解することを避けているようにみえることもある。事実の単純さと、それに相反する理解度の低さ（もしくは理解の回避）。この齟齬がなぜ発生するのかは、権力作用の分析そのものと同じくらい重要と思われる。

労働力の分離

　この領域の権力作用は、恋愛―結婚―家族という時間軸の連続性のなかで理解するとわかりやすい。ドメスティック・イデオロギーのもとでは、婚姻によって男性は公的領域での経済的労働、女性は家庭内での維持労働、というように労働力が区分されてきた。婚姻は一面では労働力区分の制度であり、同時に性別役割分業の再生産装置でもある。しかも第3章でみたように、女性の労働力は無償化される。つまり家族とは、女性の労働力を無償化

する装置でもあった。この労働力の区分は家族システムの基盤であり、同時に家族は経済的資源（主に男性の経済的能力に依存）の分配システムでもあった。

　生涯働く女性が増え、稼得能力をもつ女性も増えた。また終身雇用制度の崩壊によって、男性が家計の中心であるという常識も崩れつつある。それに伴ってこの分配システムで周辺化される男性も登場しつつある。そのような社会の変化を前に、両性の労働力の混在化は進むだろう。そうなることで、婚姻と家族の労働分離と経済的資源分配の機能が低下することは当然のことであり、婚姻率が低下するのもまた当然といえる。

リプロダクションとロマンティックラブ

　とはいえ、婚姻と家族の機能は労働力と経済的資源の分配だけではない。もう一つの重要な機能がリプロダクションと次世代の労働力の育成である。これについても、近代社会では女性の無償労働に一任されてきたことはすでにみたとおりである。それを正当化・本質化する言説として、母性や母性本能という概念が駆使されてきた。すべての女性には母性本能が備わっているのだから、子どもを産むことは自然なことであり、育児は女性の天職であるという認識である（解説9を参照）。

　近代社会で婚姻と家族がリプロダクションに結び付けられているのは、次世代の労働力を家族というユニットに一任するという原則が採用されているからである。その原則を推し進めてきたのが、ロマンティックラブ・イデオロギーという発想だ。ロマンティックラブは、一般に恋愛と訳される近代の規範である。その意味するところは、性と愛の合致である。ということは、性と愛の合致を前提としない価値観もかつてはあったということである。たとえば近世まで、身分が高い者に側室の制度があったことはよく知られている。また近代に入っても、婚姻には家同士の結合という側面があり、親同士が子どものころに子どもの婚姻相手（許嫁／許婚）を決めておく習慣もあった。これらは当人たちにしてみれば、愛（情緒的関係性）よりも性（リプロダクション）と経済的資源分配が優先されていることを意味する。現在でも、しばしば「彼氏と結婚相手は別」という女性の話を聞くことがあるが、これも愛と性を区分した感覚に基づいているといえるだろう。情緒的関係性と、リプロダクションと経済的資源分配とを分けて認識するという感覚の名残と

もいえる。

　しかし、ロマンティックラブはこれらの感覚とは異なる。ロマンティックラブでは、情緒的結合と性的結合の一致が理想とされるのである。またロマンティックラブはリベラリズムに基づくものでもある。ロマンティックラブが情緒的結合を前提としている以上、個人の内面的感情が優先され、それに基づいて、誰と性的な関係性を結ぶのかを決めるべきだということになる。これは、近代以前の社会的地位やイエ単位での都合によるものよりも、個人の内的感情を優先させる規準である。明治期にロマンティックラブの概念が日本に輸入されたとき、当初「自由恋愛」という訳語が充てられていたのは、そのような意味合いがあったからである。

　必然的に、ロマンティックラブはモノガミーと結び付く。モノガミーとは単婚という意味で、狭義では婚姻制度としての一夫一婦制を指す。ここでは一対の男女が結び付くことこそ自然で至上である、という感覚（カップル幻想）も含むものとして定義する。リベラルな情緒的関係を基盤に、性的な結合も編成されるべきだという考えは、モノガミーの規範性を強化する。そしてそれが近代的制度と結び付いたものが、ロマンティックラブ・イデオロギーである。ロマンティックラブ・イデオロギーは、愛と性が合致し、それが婚姻という形態で結実することを理想とする考え方で、性と愛と婚姻との三位一体を至上とする感覚のことである。何のことはない、現代日本で一般的な恋愛結婚を理想とする感覚のことである。

　これはきわめて近代という時代に深く結び付いた発想である。実際、日本でも、お見合い結婚ではなく恋愛結婚が主流になったのは1970年代であり、それほど新しい感覚ではない。ただ、ロマンティックラブ・イデオロギーが広まったことによって、異性愛制度が当然のものになり、それを支えるホモソーシャルな構造（女性の性的存在化と公的領域からの排除と外部化・家庭化）は強化されることになる。そしてリプロダクションと次世代の育成も、母親の愛情を基点にして、家族というユニットに一任することが可能になる

（1）　イエというカタカナ表記は、主に近代以前の大家族制度の名残としてのイエ制度を指す。近代家族や○○家などの固有の家族名と混同しないように表記している。

（2）　モノガミーは異性愛カップルを基準に生み出された感覚だが、現在では異性愛に限定された感覚ではないだろう。異性愛か同性愛かという問題と、モノガミーにどの程度まで規範的拘束力があるかは、別の問題といえる。

のである。つまり愛にあふれる家庭とは、両親の性愛のありようと、女性の無償労働化を制度化する家族モデルである。

　確認しておく必要があるのは、ロマンティックラブ・イデオロギーは、性と愛と婚姻の合一を目指すものであり、さらにドメスティック・イデオロギーに支えられた経済的資源分配、リプロダクションと次世代育成までをも、究極的には両性の内面の感情に依存させるシステムだということである。そこで合致すべき要因は多く、そのいずれかが不一致になった場合、システム全体が崩壊するリスクを有している。離婚率の上昇はその現れである。ロマンティックラブ・イデオロギーに支えられるシステムは、情緒的関係と性的・経済的関係を区分していたころのそれと比べると、維持が格段に難しいものといえる。ロマンティックラブ・イデオロギーに支えられる夫婦と家族は、諸要素を合致させることによって近代国民国家社会に多大な貢献をすることが求められるが、同時に合致を維持することの困難さのために崩壊のリスクも大きいのである。

セクシュアリティの管理

　同時に、恋愛から婚姻、そして家族にいたるまでの、一連のプロセスのなかで達成されるのは、セクシュアリティの相互管理である。具体的には、異性愛の維持・強化と同性愛の排除がおこなわれる[3]。この点は、ロマンティックラブという感覚が、恋愛から婚姻、家族をつなぐ一本の糸のような存在であることと整合する。恋人同士は異性愛関係のなかで、相手のセクシュアリティを相互監視している。婚姻関係や家族では、リプロダクションの実践のなかでパートナーの浮気が警戒され、セクシュアリティとモノガミーの相互監視がなされる。

（3）　ちなみにロマンティックラブと対極にある概念はプラトニック・ラブである。プラトニック・ラブは、古代ギリシャの哲学者プラトンが『饗宴』のなかで提起した、肉体的な欲望を排した精神的な愛を優位とする感覚を起源としている（プラトンが説いたのは肉体への欲望が除外された少年への同性愛的な愛の価値だったが）。プラトニック・ラブの詳細は省略するが、重要なのはプラトニック・ラブという概念が性的な要素を排除することで成り立っている点である。ということは、ロマンティックラブという概念には、たとえわずかではあっても性的なニュアンスが含まれることになる。

恋愛も、結婚も、家族も、いずれもセクシュアリティを基盤とする社会的な結合であり、その背景には女性を外部化し、公的／私的というように存在領域を区分するホモソーシャルな視点が潜んでいる。恋愛も、結婚も、家族も、それらはすべてホモソーシャリティの制度的な現れであり、ホモソーシャルなアクション・プログラムといえる。それらの過程で唯一正当なものとして強化されるのが、異性愛的モノガミーという排他的な社会的結合形態なのである。

3 | 近代家族の社会的機能

近代血縁家族と労働力

つぎに、これら一連の社会的結合が社会全体のなかでもつ意味や、そのマクロな社会的機能について確認しよう。一般に私たちが家族と呼んでいるものは、正確には近代血縁家族という。近代に特有のもので、メンバーが血縁によって結合している集団という意味である。ちなみに前近代的な感覚では、イエのメンバーは必ずしも血縁者であることを必須としてはいない。前近代のイエでは必要に応じて非血縁者からの養子縁組が頻繁におこなわれており、集団として、イエとしての継続性が最重視されたのである。一方で近代血縁家族では、非親族は排除され、血縁に基づく家族メンバーの情緒的結合が重視される。そのため親子の情や家族愛などの言葉が湯水のように用いられ、家族のイデオロギーが形成されてきた。その背景には、次世代労働力の育成を家族に一任する視点が存在していた。この傾向が強まれば、近代血縁家族のモデルは純化されていき、親と子からなる核家族が生まれる。つまり核家族は、近代血縁家族の究極型でもある。

このように、近代の家族モデルの推移は、家族を小規模化していった。近代以前にしばしばみられた大家族（一つの屋根の下に一族がときに何十人と生活するような）と比べれば、その小規模化は明確である。そしてこの変化は、近代のありようと深く関わっている。近代国民社会はその初期に、ほかのネイションとの競争のため、軍事力と産業力を発展させる必要があったことは第1章で述べたとおりである。この産業発展の局面で、近代家族が果た

した役割は大きい。

近代産業システムは、それまでの家内制手工業にかわり、大規模な工場を建設し労働者を1カ所に集めて一斉に操業するというものである。そのため、近代産業にとって大量の労働者の存在が必要である。たとえ工場を建てたとしても、そこで働く労働者がいなければ産業は発展しない。囲い込み運動（エンクロージャー）などの影響でそれまでの農村秩序が破壊され、離農者が大都市に集まりつつあったイギリスで産業革命が爆発的に発展したのは、偶然ではない。つまり近代国民国家の発展のためには、迅速な労働力の農村などからの移動が不可欠だったのである。

このことに対して家族の小規模化が果たした役割は大きい。農村を基盤にした大家族制度のように、個々人が大きなイエ集団に帰属し、そのイエもまた村落共同体にがっちりと組み込まれているような状態では、個人が自身の判断で農村から工業地域に移動するのは難しい。しかし家族が小規模化することによって、少人数での移動が容易になる。たとえば農村にいる家族の場合、生活が苦しくなったので家長が都市部工業地帯で働くことを決断すれば、近代に開通した鉄道に乗車して短時間のうちに移動ができ、都市部に生活基盤ができれば家族を呼び寄せることも容易に可能になる。そうして次世代の労働力も都市部で順次育成され、労働力人口が工業地帯に迅速に移動・蓄積していく。近代家族はフットワークが軽く、この機動性の高さが近代産業の需要に柔軟に対応し、安定的な労働力を供給することを可能にした。近代の国民国家社会は、家族の近代化なくしては発展しえなかったのである。

家族国家

近代家族は、それまでの農村の秩序などから離脱して存在する小さな社会的単位である。このように無数に存在することになった家族という小さなユニットを、国民国家として統合したのもまた家族概念であった。それぞれの家族を小さな単位としたうえで、それらをすべて含む国民国家全体を大きな家族として認識する。つまり近代家族の大きな相似形として国民国家を想像する考え方が近代社会に広まった。そこでは家族への愛情や愛着が国民国家への愛情や愛着と連続性をもつもの、同質のものとして認識される。家族へのつながりが、国民国家へのつながりとして再定義されるのである。家族と国家の連続性・類似性を前提にしたこのような国家観を、家族国家観とい

う。

　このような家族国家では、家長たる父親が家族内で尊敬の対象とされるのに相当する、国家という大きな家族の象徴は、たとえば立憲君主になる。この意味で、イギリスや日本は典型的な家族国家である。イギリス王室や皇室は国民統合の象徴とされるが、その統合の様式の根底には家族や家族の感覚が存在している。王室や皇室は統治者という以上に、国民国家という巨大な家族の頂点にあり、いわば本家・宗家として敬愛され、一体感と国民統合の象徴になる。ロイヤルファミリーや皇室の動向が、王位や皇位継承権をもたないメンバーも含めて国民全体の関心事になりうるのはこのような理由による。自らの統治者ということに加え、自らと連続した“本家の出来事”として、関心の対象になるのである。家族間での情緒的関係や愛着の延長線上に、王室や皇室が認識されている可能性がある。

　君主制が存在しない社会、たとえばアメリカ合州国（合衆国）でも、擬似的に大統領が“本家当主”の役割を果たしてきた側面がある。大統領にとくに求められるのはリーダーとしての資質であり、そのリーダーシップは実際の職務上必要であるということだけでなく、国民統合の象徴としてそれを備えていることが妥当だと常に議論されてきた。大統領の家族もまた国民の関心対象であり、大統領一家のありようは、それぞれの時代のアメリカ社会の家族観を敏感に反映しながら演出されてきた。

　このように、近代の家族観によって細分化・小規模化された家族は、それまでの地縁を中心にした村落共同体的秩序から解放され、かわりに家族国家の最小単位である国民として統合される。家族は人々の社会的結合のありようを大胆に変質させた、近代的な権力装置である。

女性と家族

　ロマンティックラブ・イデオロギーを介して、女性の労働力とリプロダクション能力が、女性の家庭内での役割の固定化に向かって恋愛から婚姻・家族へと直線的かつ段階的に配置されたのが、近代の恋愛・結婚・家族のシステムである。これらは私的領域とみなされ、女性の領域、あるいは女性と結び付けて理解される。しかしその到達点である近代家族も、いまやその成立基盤が崩れつつある。つまり、ドメスティック・イデオロギーの影響力の低下である。ドメスティック・イデオロギーは、ホモソーシャリティを背景に

した公的領域と私的領域の峻別を目指すものだが、男性の十分な稼得能力がその区別を維持する前提になっている。しかし男性労働力の流動化が進む現在、家計の維持のために女性が外で働くことも一般的になりつつある。大前提が崩れつつあるのである。

　にもかかわらず、女性の家内維持労働の負担は大きいままである。近代家族の役割分業は、女性の家内維持労働がほかの手段で代替不可能であることもそれが維持された大きな要因だった。しかし次第に、家電製品の発達によって労働は低減化されてきた。たとえば洗濯一つをとっても、かつては大きなタライにギザギザがついた洗濯板でゴシゴシ洗うという重労働だったのが、いまはボタン一つで洗剤も自動投入という時代である。ホウキとチリ取りは自走式掃除機に変わりつつあり、家事にかかる手間と時間は大幅に縮小した。さらに冷凍食品の普及とスーパーなどの惣菜コーナーの充実のため、調理の手間と時間は短縮した。これらの結果、女性は公的領域で労働する時間を手に入れたともいえるし、逆にこれらの省力化・時短効果によって私的領域での労働が維持できてしまうようになったので、公的領域への進出が許容されてきたともいえるだろう。

　マルクス主義フェミニズムが指摘してきたように、家族と家庭は女性の労働力を無償化するシステムであり、場であるといえる。同時に経済的資源分配の場でもあり、現在はその部分の機能不全が表面化しつつある。家族概念を下支えするドメスティック・イデオロギーの機能不全によって、家族の機能は失われつつあり、本来であれば「家族終了のおしらせ」となっていてもおかしくはない状況である。そのような機能不全の状態であるにもかかわらず強引に家族システムを維持しようとすれば、その負担は女性に集中することになる。家族とは、女性の労働力とリプロダクションを中心に編成された権力装置であるからだ。

　このように家族とは、そもそも問題含みのシステムである。したがって、家族には問題があるのが当たり前なのである。ときに「私の家族は仲良しで、何の問題もないです」という人がいるが、これは危険な兆候だといえる。家族というシステムの構制上、問題がないわけがないのである。だからそうした人は問題を察知できないほど多数の問題に囲まれた危機的状況にいるか、女性メンバーに矛盾と葛藤が集中して問題が表面化していないかのいずれかである。[4]

家族は、女性労働力とリプロダクション、セクシュアリティの編成に関わるイデオロギーであり、制度である。家族について悩む人は多いが、それは理想の家族という、ある意味で達成不可能な規範にとらわれているためである。とくに現代では、近代血縁家族は構造的にその達成が不可能なものになりつつあり、葛藤を抱えるのは当然であるということを理解すれば、少しでも主観的に感じている負担を減らせるのではないかとも思うのである。

4 制度ということの意味

本章では、恋愛も、婚姻も、家族も制度にすぎないと論じてきた。制度であるということは、人々を特定の状態に変化させる権力装置であるということである。以上を踏まえて、本章の冒頭の疑問に戻ろう。とくに恋愛と結婚は制度であるにもかかわらず、多くの幻想と誤解にまみれていて、とくに女性を中心に強い関心が寄せられる領域である。同時に、本章で紹介したような婚姻と家族についての権力分析は、内容としてはそれほど難解なものではないにもかかわらず、ときにそのような事実を聞きたくないので理解を拒否するという反応をもたらす（能力的に理解できないということではない）。

これらの反応は、要約すれば女性が現在置かれている状況への不満や未達成感に起因するものだと思われる。現状の不満や未達成感を自力で解消できないのではないかという絶望を抱き、恋愛や婚姻によって脱出可能だと誤解してしまっている可能性がある。結婚や家族の権力作用についての議論はその希望を打ち砕くものでしかなく、耳をふさぎたくなるのではないかと推測している。

（4） たとえば"仲良し家族"を公言している学生がしばしばその根拠として挙げるのは、家族イベントの存在である。しかし同じ学生が、何らかの事情で母の日や母親の誕生日のプレゼントを買いに行けないというような事態に直面してパニック状態になることがある。これは不思議な状態である。信頼関係が築けているなら「学校やアルバイトが忙しくて買いに行けなかった。今度買ってくるから待っててね」とひとこと言えばすむ話である。それを、家族イベントに間に合わなければ凄惨な破局でも起こるかのように恐れるのは、家族の仲の良さがイベントだけを通じて演出される虚像であることを、何より本人が理解しているからだと思われるのである。

しかし個人の主観的な態度とは関係なく、恋愛・婚姻・家族が制度であることは変わらない。制度は、それだけでは人を幸せにはしないのである。とくに現在属している家族への不満を、新たな家族の創設（婚姻）によって解決しようと短絡するのは危険である。自分が不満に感じてきた家族というものに対する理解や家族観を維持したままでは、同じ状態を自らが再生産してしまう可能性も低くないからである。婚姻は制度にすぎず、結婚したからといって自動的にその人に幸福が訪れるわけではない。自らに幸せをもたらすのは、制度ではなく自分自身以外にはありえない。結婚するという選択もあれば、しないという選択もある。極言すれば、どちらを選択しても変わらないだろう。結婚しても自分の思うように生きられるか否かは自分次第といえるし、結婚しなくてもそれは同じである。重要なことは、自分が納得のいく生活が送れるかということであり、結婚という制度そのものによってそれが達成されるわけではない。

　とくに女性では、恋愛にせよ、結婚にせよ、家族にせよ、それが何をもたらし、何を失わせかねないのか、慎重に見極めて自身の選択をおこなうことが重要だと思われる。これまで自立と社会進出に関して、婚姻と家族は女性に対して中立ではなかった。[5]この点を理解して一人ひとりが選択する必要がある。そのうえで、どのような選択をするかは、個人の課題だといえるだろう。

解説9　母性

　近代家族に求められる重要な役割の一つは、次世代の労働力育成だった。この育成に関わる労働は女性に無償労働として課されてきたが、それを正当化してきたのは、育児は女性の天職であるとする本質化言説、

（5）　ただし第5章のブックガイドでも紹介したように、平山亮は、自立とは何らかの依存を「なかったこと」にすることで成立する虚構（フィクション）だと指摘している（平山, 2017: 228-231）。女性の自立もまた、複層的な社会的関係のなかにあるものとして理解される必要があるだろう。たとえば育児を母親（祖母）に依存するなど、女性の社会進出の背景には別の女性への依存や労働力の無償化などが存在してきた可能性は、常にあるといえる。

すなわち母性（愛）神話であった。とくに女性に母性本能が備わっているという言説は、すべての女性は子どもに対すると自然と愛情が無条件・無定限にあふれ出してくるというもので、育児を女性の不払い労働とすることの自然化をおこなうものであった。もし母性本能なるものがあるとするならば、世に育児放棄事例が多数存在することを説明できない。本能とは、たとえば睡眠や排泄など基本的な身体機能と結び付くものを指す。動物の場合なら、ひなの鳴き声が聴覚器官を刺激して餌を与える行動を誘発するという事例もあるだろうが、人間には育児と身体器官とのそのような結び付きはみられないのである。この言説は、単に近代の性別役割分業を自然化するものである。

　女性のなかには、自分の子どもではなくても、赤ちゃんを見るとかわいいと思う感情がわくので、自分には母性があると感じる人もいるかもしれない。しかし、赤ちゃんを見てかわいいと思う感情は男性にも存在するのであって、それは人間に広くみられる感情反応の一つにすぎない。それをとくに女性固有の"本能"なるものに結び付けるのは、やはり役割分業の必要性以外には考えられないのである。

　そして長らく、母性は育児以外の女性の行為規範の根拠にも援用されてきた。それは介護である。近年は育児と介護をケアという概念で統合的に捉えることが多いが、ケアもまた"弱い存在"を目の前にして、それをケアせざるをえないという感情が自然とわいてくるといった母性神話を利用して、女性に適した役割・仕事として女性に割り振られてきた歴史がある。

解説10　晩婚化・非婚化・少子化は女性の責任？

　晩婚化・非婚化、そして少子化は、女性が社会進出し、結婚をいやがり、家族の価値を軽視するようになり、好き放題に生きるようになったこと、すなわち女性のわがままの結果、起こったことだというような、（主に高齢の）男性による批判がある。過去には政治家が「女性は子どもを産む機械」「3人以上の子どもを産み育てていただきたい」などと発言し、批判を浴びたこともある。批判を浴びたことからもわかるよう

に、現在の社会ではこれらの発言は完全なる女性差別・女性蔑視であると受け取られ、容認されることはない。ただし本書でも論じているように、これらの発言の背景には安定的な人口増加は国民国家の成長に不可欠だという認識がある。そのため、社会の支配的な位置にいる人々にとっては"本音"であることもまた推測できるのである。したがって、似たような発言が微妙にニュアンスを変えながら何度も飛び出し、そのたびに批判を浴びるということが繰り返されている。同時にこのような発言は、第5章で検討した女性への責任転嫁の典型例でもある。

　晩婚化・非婚化についていうと、晩婚化は結婚や出産のタイミングを遅らせること、非婚化は生涯にわたって婚姻を選択しないことを指す言葉である（非婚化は未婚化と表現されることもあるが、未婚化という言葉には婚姻を当然の前提とする認識が潜んでいるため、ここでは非婚化と表現する）。女性の晩婚化や非婚化は本当に女性の責任といえるだろうか。

　ここでデータから事実を把握しよう。単独世帯の割合は2020年ですでに38.0％、2050年には44.3％になると予測されている（国立社会保障・人口問題研究所「日本の世帯数の将来推計（全国推計）」2024年）。また2022年度版の「男女共同参画白書」（男女共同参画局）によると、2020年の30歳時点の未婚率は女性40.5％／男性50.4％、50歳時点で配偶者がいない割合は男女ともに約30％である。1980年から2020年にかけて、20歳以上単独世帯は、女性3.1倍（未婚2.3倍）、男性2.6倍（未婚1.7倍）と増加した。2020年には、20代女性で配偶者や恋人がいないのは約50％、男性は70％である。未婚者のうち結婚の意思がない人の割合は、20代女性が14.0％（**男性19.3％**）、30代女性が25.4％（男性26.5％）である。

　以上のデータのなかで注目すべきなのは、20代で結婚の意思がない女性は14％だが、30歳で結婚していない女性は40％であるということだ。この差の26％（男性は24％）は、「意図せざる結果」としての未婚である。この差に男女差はほとんどなく、結婚を望みながらも実現できていない人々の割合は男女で変わらない。むしろ注意が必要なのは、20代で結婚の意思がない人の割合は男性のほうが多いということである（30代ではほとんど差はない）。結婚をいやがっている人の割合は、わずかではあるが女性よりも男性のほうが多いのである。これらのデータ

から、晩婚化・非婚化を女性の意識の問題とする批判は、事実に反しているといえる。

　さらに事実を確認しよう。同白書によると、20歳から39歳の独身男女に対して積極的に結婚したいと思わない理由を尋ねたところ、「結婚に縛られたくない、自由でいたいから」が女性48.9％／男性37.0％、になっている。これだけをみると、女性のほうが男性より結婚への意識が遠のいているようにも思われるが、同時に「結婚相手として条件をクリアできる人に巡り合えそうにないから」が女性38.7％／男性27.8％、「結婚するほど好きな人に巡り合っていない」が女性48.8％／男性36.2％、になっていて、いずれも女性のほうが10ポイントほど高くなっている。つまり、未婚女性が結婚に消極的なのは、条件を満たす結婚相手の不足と好きな人がいないためだということになる。その結果として女性たちは「縛られたくない・自由でいたい」と判断しているのだ（男女のポイント差もほぼ同じになっている）。

　またとくに男女差が大きいものには、「仕事・家事・育児・介護を背負うことになるから」があり、女性38.6％／男性23.3％。「名字・姓が変わるのが嫌・面倒だから」が女性25.6％／男性11.1％になり、15ポイント程度の差になっている。これは、ジェンダーに根ざした女性の負担に関する理由である。一方で、唯一男性のほうがわずかに高いものとして「結婚生活を送る経済力がない・仕事が不安定だから」で、女性35.0％／男性36.0％になっている。これもまた、男性がドメスティック・イデオロギーを内面化していることを示す結果といえる。

　要するに、女性にとって結婚は負担ばかりが増え、しかも条件的に見劣りがする、さほど好きでもない相手とおこなうものとして映っているのである。これでは女性たちが縛られたくないと感じるのも当然である。さらにいえば、これらの理由は女性のほうが割合が高いものが多いが、10ポイントほど低いものの男性でも同様の傾向がみられる（ここで紹介しなかった理由の項目については、さらに両性の差は小さくほとんど同じである）。性別に関係なく人々が結婚から遠ざかるのは社会の構造的な問題であり、女性の意識だけに原因を求めても問題は解決しない。それは、現実から目をそむける単なる逃避である。

　つぎに少子化についてはどうだろうか。これも女性の晩婚・非婚が原

因なのだろうか。少子化をめぐる言説で奇妙なのは、少子化の原因を婚姻率の低下と関連するものとして論じるものが目立つということである。確かに日本社会は婚外子の割合が低いため、この関連は一見もっともなものに映るかもしれない。しかしそこには、婚姻率が上がることで自動的に子どもの出生数が増加するという思い込みが存在していると思われる。

ほぼ5年ごとに調査されている夫婦の完結出生児数（夫婦が生涯にもつ子どもの数）の推移を確認しよう。1940年は4.27人だったが、その後には急激な人口増加を抑えるために産児制限運動が盛んになり、1957年には3.60人、1962年には2.83人と出生児数は急速に低下した。その後の10年でも緩やかに減少は続き、1972年には2.20人になった。さらに2005年までの約30年間は2.20前後で推移し、2010年にとうとう2人を切って1.96人になり、2015年は1.94人、そして2021年には1.81と、下降の一途をたどっている（国立社会保障・人口問題研究所による第15回〔2017年〕・第16回〔2023年〕「出生動向基本調査」から）。

第15回「出生動向基本調査」（調査実施2015年、結果公開2017年）で初婚どうしの夫婦に対して理想の子ども数をもたない理由（複数回答）を調べると、経済的理由（子育てや教育にお金がかかりすぎる56.3％、仕事に差し支える15.6％、家が狭い11.3％）が上位を占めている。なかでも「子育てや教育にお金がかかりすぎる」は"最も重要な理由"（単数回答）としては20.1％であり、単独の理由として群を抜いている（その他の理由は、単独の理由としてはすべて11％程度〔年齢や不妊などの理由〕か1桁以下である）。そのつぎに育児負担の理由の17.6％がくる（複数回答）。年齢・身体的理由、夫に起因する理由（非協力的など）、そのほか（自分の時間を大切にしたいなど）の諸項目がおおむね10％以下であることと比べると、夫婦が子どもを多くもたない主な原因は、経済的理由と育児負担である。たとえば極端な仮定として、未婚者に何かしらの罰則的措置や社会的制裁を課すような状況になったとして、そのような強制的な方法で婚姻率をあげたところで、単に「子なし夫婦」が増えるだけになる可能性が高いのである。女性の晩婚・非婚の状況が変化しても、それだけでは子どもは増えない。人々が結婚したいと思えないという状

況と同時に、子どもをもちたいと思えない社会状況があることが根本的原因である。これを女性の意識に還元して批判しても、問題は解決しない。そこに問題は存在していないからである。

　また、たとえ現在の女性たちが子どもを3人産んだとしても、正直なところ、"焼け石に水"という状況である。日本では少子化だけでなく、高齢化も同時に進行しているからだ。2023年の人口推計によると、2020年の日本の人口は約1億2,600万人だが、2070年には8,700万人まで減少するといわれている。つまり、50年で30％減である。一方で65歳以上の人口は、2020年は3,680万人（28.6％）であるのに対し、2070年には3,367万人（38.7％）となり、割合は10％も増加する。実に40％が高齢者になる（国立社会保障・人口問題研究所「日本の将来人口推計（令和5年推計）」）。人口総数（パイ全体）が縮小することに加え、出産可能な人々の年齢の割合（パイの割合）もさらに減少するのである。これでは女性一人あたりの出生数が多少増えても、人口増加につながる可能性は低い。完結出生児数のデータの推移をみると、この傾向は1970年代には顕著になっているが、これは1970年代以降の親世代の問題だともいえる。この世代の男性たちは現在高齢者になっていて、自分たちの世代の行為を棚に上げて現在の女性たちに責任転嫁していることになる。

　もっともこの人口減少傾向は日本に限ったことではなく、世界中で一般的なものである。実は国民国家の発展期、あるいは巨大災害や戦争などで社会が荒廃したあとの復興期などでは、人口が増えるために放っておいても社会が発展する時期が1度だけある。いわゆる"人口ボーナス"と呼ばれる現象である。その時期には社会に精力的で活動的な若者があふれ、生産や消費も旺盛なのでモノを作れば飛ぶように売れ、経済や市場は拡大する。一方で高齢者人口は相対的に少数なので、働き盛りの世代の福祉の負担も少なく、消費意欲も高くなる。福祉のもう一つの重要な領域である育児についても、若い女性の母親がたくさんいるうえに男性の経済力が上昇している最中なので、専業主婦として性別役割分業をおこなうことが可能である。福祉負担は少なく、社会の富と資源をさらなる経済や市場の拡大に回すことが可能になる。そうした状況は、経済発展にはいいことずくめである（女性からしてみればそうではない

が）。

　日本の場合、戦争が終わり復興への明るい意識が顕著になった1940年代後半から50年代前半にかけて出生率が上昇した（朝鮮戦争に伴う特需などの影響も大きいのだが）。いわゆるベビーブームである。このときに生まれた世代がリプロダクション可能になった70年代前半を頂点にして第2次ベビーブームがあり、これらは戦後日本の二大人口ボリュームゾーンになっている。この2つのベビーブームを含む生産年齢人口が豊富な時期、つまり50年から90年ごろが戦後日本の人口ボーナス期にあたる。朝鮮特需（1950-52年）、高度経済成長期の好景気（神武、岩戸、オリンピック、いざなぎ、合わせて1955-70年）はこの時期に含まれる。73年の石油ショックによって急速な経済発展はいったん減速するが、致命的なものとはならず安定成長を続けていく。80年代のバブル期まで経済発展が続いたのは、この人口ボーナスという構造によるところが大きい。そして90年代初頭のバブル経済崩壊は、人口ボーナス期の終了と重なっている。その後の日本経済は今日にいたるまで、以前ほどの活気を取り戻せていない。

「日本の経済成長は、高度経済成長期におじさんたちががんばった結果だ」などというもの言いをたまに聞くが、実際にはこの時期は放っておいても経済は成長したのである（おじさんたちもがんばってはいたのだろうが）。この時期の日本の雇用慣行である終身雇用と年功序列も、人口ボーナスの現象に対応したものだった。豊富な労働力を背景に企業は業績を伸ばしていたため、安定的な雇用が求められ、それを実現するための最適解は終身雇用であった。また経済規模の拡大が継続している状況では、たいした企業努力をしなくても、市場のパイ自体が拡大しているためにモノは売れ、企業の業績は伸びる。そのような状況では個人の能力が厳しく問われることはなかった。わかりやすくいえば個人に特別な優秀さは求められず、誰がやっても業績はそれなりに伸びたのである。それならば、最も公平な人事基準は年齢（就業年数）だということになり、だからこそ年功序列という基準が人々にも抵抗感なく受け入れられていたのである。

　しかしこれらの状況は、人口ボーナス期が終わると一変する。経済発展後の生活は一定の水準を超えて豊かになった。多くの人が高等教育

（大学・短大以上）を受け就業年齢は高くなり、医療の発展によって寿命と健康寿命も伸び、働く期間も長くなった。女性も社会に進出し、ライフプランも変更され、すべての人生イベントは後ろ倒しになる。これは両性ともに起こる変化であり、女性の結婚に対する意識などに還元される話ではない。そのため、人口ボーナス後の多くの社会では、少子高齢化は避けられない。

　このような社会では、社会を安定的に維持するための選択肢は2つあり、その双方がともに避けられないものである。

　1つ目は外国人労働者の受け入れである。これはすでに多くの国々で実践されている方策であり、グローバル化が進む一つの要因にもなっている。日本もすでにこの方向に向かっている。2008年度の外国人労働者数は約49万人だったが、2022年には約182万人と3.7倍に増加した。2022年の内訳は大きい順に、製造業26.6％、卸・小売業13.1％、飲食・サービス業11.6％、建設業6.4％である（厚生労働省「外国人雇用状況」2022）。182万人という数字は、ドイツ、アメリカ合州国（合衆国）、イギリスにつぐ第4位の数字である。ただしこれは労働者としての届け出がある者に限った数字であり、在留労働資格をもたない留学生などのアルバイトを含めればさらに大きくなる。日本は、実質的にはすでに移民大国である。ちなみに2021年の派遣労働者数は約142万人で（日本人材派遣協会「労働者派遣事業統計調査」）、外国人の労働力は派遣労働者よりも大きいものになっているのが実情である。

　ヨーロッパやアジアの多くの社会でおこなわれているような、多文化的状況を受け入れる制度的・社会的議論が求められているといえる。それも彼女／彼らを単なる一時的な労働力とみなして使いつぶすのではなく、われわれの社会の一員とみなして共存する方法を模索する必要がある。なぜなら、外国人労働者の受け入れが必要な根本原因は人口減であるからだ。また外国人の人権を無視した社会制度は、不満の温床になり軋轢の原因になるだろう。日本人あるいは日本企業には外国人嫌いの傾向があるといわれ（外国人アレルギー）、外国人労働者に関する制度設計に対して日本社会は消極的だった。しかしすでに状況は日本社会の想定のはるか先に進んでいて、これを放置することは社会的矛盾を増大させることにつながるだけである。これは価値判断ではなく、選択の余地が

ない事実判断といえる。

　たとえ外国人の受け入れを増やしても、それだけでは人口減少は止められない。それでも人口は減るのである。外国人受け入れはその過程を緩やかにするにすぎない（それでもソフトランディングするために非常に重要なことではあるのだが）。2つ目の避けられない選択肢は、人口減少に合わせた社会の再デザインである。産業構造の転換はもとより、職住近接など都市環境の再デザインも必要になるだろう。現在の都市部の通勤を支えている交通インフラの維持も難しくなるからである。道路や水道・電気などのインフラのありようも再考を迫られるだろう。これらの状況の変化は社会全体の価値観、生活スタイルの変更を求めるものである。そのようなおおごとを前に、女性の意識に責任転嫁していても何も解決しない。そのような責任転嫁で時間を浪費している場合ではないのである。そんな暇があれば、考えるべき問題はたくさんある。

解説11　イエとカイシャ

　かつての日本には大家族制度があり、それをイエと表記することはすでに紹介した。ムラ（イエが集まった農村の秩序。行政村と区別するため、これも"ムラ"とカタカナ表記されることが多い）のなかで、さまざまな権利や義務がイエ単位で配分されていた。たとえば水の使用権（水利権）や山や森林に入る権利（入会権）などである。つまりイエには経済的資源の所属メンバーへの分配機能が存在した。同時に、ムラの共同作業などへの人手（労働力）の供出も義務としてイエ単位で割り当てられていた。イエとは、当時の社会（農村）と人々をつなぐ中間的な存在でありシステムでもあった。このイエのような存在を、社会学では生活組織といい、こうした社会的機能をもつイエについて中間集団と表現できる。中間集団とは──社会学的には複雑な議論があるのだが──ここでは個人と社会を媒介する中規模の集団のありようであり、それに所属することによって社会の全体にも同時に所属するような機能をもつ集団を指す概念と理解して問題ない。

　しかし近代社会になり、家族の小規模化が進み農村から都市へと人口

第6章　ジェンダーと社会的結合

が移動するようになると、このようなイエを単位にした農村の秩序は崩壊する。それでは、近代日本でイエに相当するものはなくなり、個人は直接社会に統合されるようになったかといえば、そうでもない。近代社会は規模が大きく、個人がいきなり所属意識をもつにはいささか抽象的な存在でもあったのである。これまで家族社会学や農村社会学、都市社会学が指摘してきたのは、かつてのイエの機能を企業が担ってきたという側面である。

　これはよく誤解される点なのだが、企業に勤めている人を「○○株式会社社員」などと呼ぶことがあるが、法的（会社法）には"社員"を名乗れるのは株主（出資者）である。企業は利潤追求の組織であり、その利潤を分けあう仲間（カンパニー）だからである。そうした仲間に該当するのは、企業の所有者・出資者である。一方、そこで働く人々は正確には"従業員"あるいは"労働者"である。実際、彼女／彼らに利潤は分配されない。支払われる給与は費用（人件費）として計上され、従業員が受け取る給与は資材調達費や広告費などと同等のコストとして扱われる。従業員は、自身が自社株を大量に保有しているような場合を除けば、原則として企業の外部の存在である。これは、たとえ従業員個人が企業に所属意識を抱いていようと、愛社精神をもっていようと、そのようなこととは関係がない法的な地位である。

　この点で、日本企業の従業員のメンタリティには奇妙な点があった（ある）といえる。所属してもいない企業に対して、一方的に所属意識をもつことが一般的だったからである。しかし企業を中間集団として考えると、その事情が理解できる。実際、長らく日本企業はメンバーシップ雇用を実施してきた。アメリカなどでの職務別雇用とは対照的である。日本企業では新卒採用で企業のメンバー（法的にはメンバーではないが）を採用し、数年ごとに担当を変えることでさまざまな業務に従事させてきた。一方でアメリカ企業では、経理担当として採用された人が営業職に回されることは考えられないだろう。この相違は、アメリカの労働組合が企業の垣根をこえて職務別に存在しているのに対して、日本の

───────────────
（6）　有限会社や相互会社なども同様なのだが、話を単純化するためここでは株式会社を例にして話を進める。

151

労働組合が企業別に存在していることとも対応している。このようなメンバーシップ雇用は、終身雇用制度を伴ってこそ成立可能なものであった。

　日本の企業は、農村秩序の崩壊と都市への人口流入に対応して、中間集団としての機能を有していた。企業はかつてのイエのかわりであり、あたかも後継者のようである。企業は営利目的の組織だから、その利潤の一部を経費として従業員に支払う。すでに述べたように、これは企業活動にとってはコストだが、従業員集団にとっては経済的資源分配という意味もある。ところで、現在でも社宅を有している企業が存在するという。居住空間という最もプライベートなものを、企業が提供してきたのである。しかもそこに住むのは従業員本人だけではなく、その家族を含む場合が少なくない。これは一つ屋根の下に共同利害によって結び付く多人数が生活するという、かつての大家族（イエ）のありようを彷彿とさせる。

　また、かつては避暑地や観光地に企業の保養所が多く存在し、従業員が家族も含めてそこでレクリエーションを楽しんでいた。以前は、なんと運動会が存在する企業もあり、従業員だけではなくその家族も参加していたという。ほかにも、企業内には各種クラブ活動（趣味の集い）などもあった。これらは企業の福利厚生と呼ばれた側面である。これらの福利厚生は、企業活動として考えれば従業員を雇用するコストの域を超えていると思われるが、企業を中間集団（生活組織）として捉えれば、かつてイエが提供していたものの現代版といえる。同様にメセナなど企業の社会貢献活動は、イエに課されていたムラへの貢献の現代版とも解釈できる。

　つまりＡ社やＢ社は、Ａ家やＢ家でもあり、そこには従業員だけではなくその家族も含めた大規模な大家族制度が存続していたとも解釈できるのである。このような企業のありようを、イエにならって“カイシャ”と表現する社会学者もいる。多くの従業員が企業に所属意識をもっていたのも、その本質はイエへの所属意識であり、中間集団への所属意識だったということになる。愛社精神とは、かつての奉公人のイエに対する忠誠心の近代的な別名でもある。これは法的側面ではなく、社会的機能としてのカイシャである。

152

ただし、かつてのイエが家父長制を基軸としていたように、カイシャもまた男性中心主義に貫かれていた。経済的活動は男性が独占し、女性はカイシャ内の補佐的役割と家族のなかでの維持労働（不払い労働）に従事するというドメスティック・イデオロギーは、大家族制度の家父長制を近代的に翻訳したものでもあった。企業文化にジェンダーが組み込まれ、第3章で紹介したマルクス主義フェミニズムが問題化したような女性労働力の搾取が可能になったのには、その背景に、このようなドメスティック・イデオロギーと家父長制的秩序感覚を、資本と産業の基盤としつつ中間集団の秩序を形成する認識が存在していたことも、関係しているだろう。

　このようなメンバーシップ雇用は、終身雇用制度と年功序列を前提にしていた。終身雇用と年功序列は、基本的には解説10「晩婚化・非婚化・少子化は女性の責任？」で紹介した人口ボーナス現象に対応するシステムだった（とくに年功序列）。したがって人口ボーナス期間が終わった現在、急速に崩壊しつつある。その際に真っ先に切り捨てられたのは、またもや女性だった。かつて総合職（男性中心）／一般職（女性中心）という事実上の性別職制が一般的だったことは第3章で紹介したが、その場合でも一般職の女性従業員は給与面で男性に及ばなくても正規雇用者（福利厚生の対象）であり、カイシャのメンバーシップに含まれていた。しかしグローバル化が進むなかで終身雇用と年功序列は崩壊しつつあり、同時にかつての様態の一般職はほとんど姿を消した。現在女性の正規雇用の従業員（一般職）は給与が低い総合職であり、かつてと呼称は同じでも現在では負担が女性に集中しているという別の問題も存在している。

　一方、かつての一般職の職務の多くは派遣労働者などの非正規雇用者に取って代わられつつある。2022年の就業者数は、女性2,681万人、男性3,008万人であるが、そのうちの非正規雇用労働者は女性1,432万人（53.4％）、男性669万人（22.2％）と大きな差がある（厚生労働省「男性労働者及び女性労働者のそれぞれの職業生活の動向」2023）。実に女性就業者数の半数以上は非正規雇用労働者である。非正規雇用労働者の約7割（68.2％）は女性ということになる。この10年で非正規雇用労働者は増加したが、この男女割合はほとんど変わっていない。2012年

でも非正規雇用労働者の約7割が女性だった（総務省統計局「労働力調査」2013）。非正規雇用労働者において、男性が生産工程や運送・梱包業などに多いのに対して、女性は事務従事、販売・サービス業などに多いことが知られているが、これらを考え合わせると、少なくない女性たちが、以前と同様の業務（かつての一般職の業務内容）に非正規雇用労働者として従事していることが推測できる。これは流動的な労働力として常に解雇の不安と隣り合わせの存在である。かつての一般職の職務に従事する女性たちは、カイシャにとって正真正銘の外部的存在になった。

　その流れが男性にも広がり、どこまで一般化するのかは今後の状況次第ではあるとはいえ（男性の非正規雇用化も進んでいるため）、正規雇用者は男性の一部と、さらに少ない女性のごく一部に限定されつつあるといえるだろう。現在の女性の貧困化の一因は、中間集団としてのカイシャの変質とそこからの女性の排除にある。以前のようなカイシャのありようは、そもそも女性差別的であり問題も山積みだったのだが、現在、多くの女性はそこからさえ排除されつつあるという状態である。私はカイシャのありようをけっして肯定的に評価しているわけではないが、現在はカイシャが機能していた時代が"古きよき時代"だったと思えるほどに、女性に対して冷酷な状態である。

第6章をより理解するためのブックガイド

　①ホモソーシャルについては、やや難解ではあるが**イヴ・セジウィック**『**男同士の絆**』**名古屋大学出版会（2001）**、同『**クローゼットの認識論 新装版**』**青土社（2018）**に挑戦するといい。また女性に対する美の規範については、**ナオミ・ウルフ**『**美の陰謀**』**ティビーエス・ブリタニカ（1994）**を参照するのもいい。女らしさにかわって美という規範が女性を支配する状況を論じている。

　②恋愛と婚姻については、多くの優れた研究書があるが、初学者は**小倉千加子**『**結婚の条件**』**朝日文庫（2007）**、同『**セクシュアリティの心理学**』**有斐閣選書（2001）**を読み、関心に従ってほかの専門書に進むのがいいだろう。前者では結婚と社会階層の関係、後者では家族関係のなかでもとくに厄

介な問題が存在する母娘関係についても論じていて、さまざまな視点が獲得できる。

③家族についても同様に多くの優れた研究がある。本章に関わる論点としては**上野千鶴子『近代家族の成立と終焉 新版』岩波現代文庫（2020）**を第一に薦める。家族と国民国家という視点を扱ったものは、**牟田和恵『戦略としての家族』新曜社（1996）**がいいだろう。現在、家族論には多くの論点があり、とくに血縁からの転換、ケアを軸にした再編成など、さまざまな議論が展開されている。ここで紹介した基本書をもとに、関心に応じてそれぞれの専門的な議論を探していくといいだろう。

④母性愛（母性本能）については、**大日向雅美『増補 母性愛神話の罠』日本評論社（2015）**が読みやすい。より専門的な論点を扱ったものとして、中絶や子殺しというテーマと絡めて母性神話を論じた**田間泰子『母性愛という制度』勁草書房（2001）**もあるので、関心に応じて読み進めるといいと思う。

第 7 章

ジェンダーと権力作用

本章では、前章に続いてジェンダーを介した社会的結合の様態を検討するが、とくに権力作用の発生と展開に焦点を当てる。はじめに価値の交換をめぐる不平等な構造が性差の権力発生に関わっている可能性について考え、つぎに女性たちが自らが抑圧されていることに向き合わないようにするために、男性たちによって準備された権力のありようについて検討する。さらに女性たちが男性の権力への協力者として動員される機序について、ポストコロニアルな問題として整理する。そのうえで、これらの権力作用によってもたらされる葛藤や苦しみを、状況を変える力に変換する視点についてふれたい。

　これらの検討を通じて、本書の諸論点をあらためて概観し、権力作用とジェンダーの関わりと、その変更への指針を探り、本書を総括したい。これは女性にとってはもちろん、男性にとっても自己のありようを再検討し、刷新するきっかけをもたらすことにつながるだろう[1]。

1 ｜ 交換という社会的結合

　小倉千加子は、結婚とはカネとカオの交換であると述べている（小倉, 2007: 32）。男性は経済力を、女性は自らの美しさを互いに交換しているというのである。女性は男性の経済力によって生活を保障され、男性は自らが獲得した女性の（ホモソーシャルな基準での）美しさでほかの男性から称賛と承認を得る。ただし、この交換は構造的に男性にとって有利な交換である。

　第一に、男性たちはホモソーシャルな承認が十分に得られなくても生きていけるのに対し、これまでの多くの女性たちにとって男性の経済力との交換は生命線であった。生活条件が保障されたうえで交換に臨む男性と、交換そのものが生活条件を形成するという女性の状況は、まったく異なるものだった。第二に、女性の美とは男性にとってのホモソーシャルな承認基準であり（第6章を参照）、その基準を決定するのは男性の側であるという、基準の設定段階での不平等が存在する。第三に、これらの条件が重なった結果、交換

（1）　第1節から第3節の各論点については、より専門的で詳細な議論を拙著（池田, 2023: 第10章・第11章）でおこなったので参照してほしい。

158

レートも男性個人の意志に左右される。つまり特定の女性の美しさをどの程度のものと評価し、また美しさ自体にどの程度の価値を見いだすかは男性に委ねられていて、女性はそれに関与できない。

そして第四に加齢の問題がある。男性は、おおむね加齢とともに交換の原資になる「カネ」が増大していくのに対して（この状況は変わりつつあるが）、どれほど美しい女性であってもその美しさは加齢とともに徐々に減価せざるをえない。美の基準とは男性たちのホモソーシャルな承認基準でもあり、それはリプロダクションの可能性を考慮した若さと結び付くものとして存在していて、加齢とともに必然的にその基準から外れていかざるをえなくなる。年数の経過が進むほどに、男性に有利な交換になっていく。

これらの点をさらに社会学的に考えてみる。ピーター・ブラウは社会学分野での交換理論を発展させた一人である。彼の交換理論はそれなりに複雑なので、ここではジェンダーの権力と関わる部分に論点を絞って紹介する。ブラウは、交換とは社会的結合の一形態であるという認識を示す。ここでいう交換は、必ずしも財貨や財貨に換算可能なものによっておこなわれるとはかぎらない。たとえば承認や満足感など、交換によって個人に効用をもたらすものであれば、それらをやりとりする行為も交換として定義している。そして重要な指摘は、ブラウが人々は等価交換を目指す交換によって結合すると論じている点である（Blau, 1964=1974: 16-25）。

人々は、必ずしも等価交換だけで結び付くのではない。等価交換を目指す交換によっても結合しうるというのである。つまり結合の時点で、交換が実際に等価交換である必要はないということだ。これを不等価交換と考えると、社会的結合では多くの不等価交換がおこなわれていることになる。そしてジェンダーの権力作用を考える際に重要なのは、等価交換ではなく不等価交換なのである。

ブラウは、権力の発生機序をこの交換の過程に見いだしている。交換はあくまでも等価交換を目指すものなので、実際の交換の不等価性を解消するべく強制力がはたらき、等価交換に向かって人々は行為するというのである。不等価交換がどうしても解消できないとき、その不等価性を埋めるべく服従と権力が発生するとブラウはいう。それは相手の願望に従うという選択として現れるとブラウは考える。ブラウによれば、権力は交換の不等価性によって発生することになる。

カネ―カオ交換の場合はどうだろうか。すでにみたように、この交換は最初の時点から不等価交換である。女性側が不等価性を埋めるために男性の願望に応えることが前提になっている。つまり、家事や育児を含めた男性への献身である。そしてこの不等価性のギャップは二者の間で埋まることはなく、むしろ時間の経過とともに拡大する。男性の稼得能力の上昇と、女性の美の減価が進むからである。したがって、女性は時間がたてばたつほど、男性により献身することを余儀なくされる。

ところでブラウは、劣位の人々がこのような不等価交換から独立可能である条件を挙げている。それは、①自身がサービスを提供できる場合（等価交換に移行可能）、②ほかのところでサービスを受けられる場合、③サービスを強制できる場合、④そのサービスがなくてもいいと諦めをつける場合の4つである。これらの条件のすべてあるいは一部が満たされないとき、不等価交換を等価交換に向かわせる強制力によって、権力が発生するというのである（Blau, 1964=1974: 106-108）。この条件をカネ―カオ交換に当てはめて考えると、女性が不等価交換から独立可能な条件は、自身で稼得能力を得る（①）、離婚してほかの男性と再婚する（②）、離婚して生活水準を落としてでも我慢する（④）、のいずれかになる。③の条件については、妻から夫へのDV（ドメスティック・バイオレンス）でも想定しないかぎり難しく、現実の状況としては想定しにくいため以後の分析からは除外する。

①の稼得能力の獲得は理想的ではあるが、長年専業主婦だった場合に就業や稼得能力のハードルは高いものになる可能性がある。②の選択肢も、たとえ離婚して現在の夫の権力を逃れたとしても新たな再婚相手の権力下に入る可能性が高い。これらのなかでは、④の生活水準を落としてでも離婚する（諦めをつける）という選択肢が現実的であり、実際に熟年離婚などでこの選択を実践する女性も少なくない。

他方、男性側が不等価交換を継続し、権力を維持しようともくろむならば、以下の3つの方策が有効である。すなわち、女性たちを専業主婦化して稼得能力の獲得機会を奪い続ける（独立条件①への妨害）、ほかの男性の接近を警戒する（②への妨害）、自分から離れると惨めな貧困状態に転落するという恐怖を植え付ける（④への妨害）、である。その結果、①②④いずれの選択肢もとらない、すなわち「状況を何も変えず不等価交換を継続する」という不作為を女性の側が選択し、権力関係が維持されるだろう。

このような男性たちの不等価交換維持（権力維持）の行為は、実際に珍しいものではないだろう。家庭外での活動を望む妻に対して「おれの稼ぎに不満があるのか」と妨害したり、あるいは「奥さんには家にいてほしい」と望んだりする夫は少なくない（独立条件①への妨害）。ほかの男性の接近については、浮気への警戒として、おそらくは嫉妬心も組み込みながら本人も気づかないうちに束縛する男性もいるだろう。むしろ、妻への愛情の深さの現れとさえ感じているかもしれない（②への妨害）。また自分の稼得能力を誇示し、このような生活ができているのは自分のおかげだと日々言い続ける夫。あるいは「お前など何もできない役立たずだ。世の中では通用しない」などと無能感を植え付けるような言動を繰り返す夫（④への妨害）。この場合、一般にはモラハラ（モラルハラスメント）夫と認識されることが多く、夫個人の人格に還元して問題が理解されているだろうが、これは不等価交換を維持するという利益に基づいた戦略的行為ともいえる。これらの方法によって不等価交換を維持するならば、男性は時間の経過とともに、女性からより大きな利益を享受することが可能になる。

交換理論自体に対しては、さまざまな批判もある。とくに不等価交換が自動的に等価交換を目指すという前提には、どのような社会的根拠があるのかという点に疑問もある。[2] また性差権力のすべてが交換理論によって説明できるわけでもない。しかし性差権力関係での社会的結合に伴う権力発生メカニズムの一つを理解するためには、有効な視点となるものである。

2 代理行為と模倣

代理行為

不等価交換での権力が、相手の願望を充足することで発生するとして、そ

（2） おそらく、交換理論には経済学でいう市場均衡モデルのような、均衡（等価交換）
に対する信頼感に支えられている部分がある。そのような信頼の根拠になる社会学
的知見が必ずしも明確に存在していないことが問題点といえる。しかし普遍性をも
つモデルとしての評価はともかく、性差権力の分析視点としては一定のリアリティ
をもつものだと思われる。

161

れは具体的にどのような形態になるだろうか。その典型が代理行為である。そもそも家事と呼ばれる労働は、男性にとっても生命維持のために不可欠なものを提供する行為で、本来は男性自身の生活や生命のために必要な労働である。それを女性に代理でおこなわせているのである。

　代理行為について明確にするため、夫が同僚をホームパーティーに招く場面を想像してみよう。[3]料理上手の妻が手料理を振る舞い、夫の同僚たちもその料理に舌鼓を打って満足したとする。帰り際には、招かれた人はおそらく夫に向かって「ごちそうさまです」とお礼を言って帰るだろう。なかには妻にも「お料理すばらしかったです」とお礼を言って帰る人もいるかもしれないが、妻にだけ礼を告げて夫に礼を告げずに帰ることは考えにくい。

　しかし、これは不思議な情景である。実際に料理を作ったのは妻であり、客の満足は基本的には妻の労働がもたらしたものである。夫は、多少は妻を手伝ったかもしれないが、せいぜい客に酒を注いで歓談していたくらいであろう。しかしこの歓待は、妻による歓待ではなく夫による歓待として位置づけられるだろう。たとえば妻自身も夫と同じ職場であり、もともと来客の面々と（夫抜きの）個人的な関係が存在していたというような場合を除き、妻からみれば夫の同僚を歓待する個人的理由はないからである。夫の同僚への歓待は、夫による歓待以外の社会的意味をもたない。しかし現実に歓待しているのは、妻なのである。

　この事例について、たとえば夫が同僚たちを居酒屋や小料理屋に招待しておごるのと同じだと思う人もいるかもしれない。しかし居酒屋や小料理屋での歓待は、その内容すべてを支払いという形態で夫が負担している。つまり飲食店で夫が負担する代金には、食材費に加えて、煮たり焼いたりなどの調理労働への対価も含まれている（場所代などは話が異なるのでここでは除く）。これは純粋に夫による歓待といえる。ところがホームパーティーの場合、食材費は夫が負担しているかもしれないが、調理労働への対価は妻の不払い労働が担っている。妻の調理労働によって生み出された付加価値は、夫による歓待の場合、本来は夫の労働であるべきもので、それを妻が無償でおこなうならばそれは代理行為になる。

（3）　この事例（思考実験）については、拙著でより多角的な分析を試みているので、関心がある人は参照してほしい（池田, 2023: 419-423）。

そして、同僚たちが夫に礼を述べて退去することからもわかるように、それは相手にも夫の歓待として位置づけられる。妻の無償労働は、夫の労働として受け取られるのである。そして妻の側に、夫の同僚であるということ以外に来客をもてなす個人的な理由がないかぎり、その行為は夫の願望を具現化するものということになる。このようなケースは、夫と妻の関係性での不等価交換を埋め合わせるために、相手の願望に従うという服従行為であり、権力作用がはたらいている。

譲渡と模倣

このような権力作用について考えるとき、奴隷と主人の関係性の議論の蓄積がヒントを与えてくれる。奴隷という言葉の強さ（インパクト）に驚くかもしれないが、このテーマは主体性をめぐる議論のモデルとして、19世紀以来の哲学では一般的である。本書はジェンダーをめぐる権力作用の入門書であるためほとんど紹介してこなかったのだが、性差の構築性について重要な議論をおこなっている人物にジュディス・バトラーがいる。バトラーが一貫して問題にしているのは、性差を媒介にした主体性の問題である。彼女の議論は第3章解説5で登場した、ミシェル・フーコーの権力論から影響を受けている。

フーコーからバトラーにかけての議論では、主体化は従属化でもあると論じられる。主体的なことと従属とは、相反する矛盾したことのように感じる人が多いだろう。しかし、この議論によると、人は外部にある何かに同一化（従属化）することによって自分自身を定義し、自分を主体的存在として認識する。たとえば、女性に女性としての性質や本質が最初から存在しているわけではないことは、本書でこれまで論じてきたとおりである（解説5のボーヴォワールの指摘を確認しよう）。女性が女性としての主体性を獲得するの

（4） 紙幅の都合から詳細は省略するが、このテーマは哲学者ゲオルク・W・H・ヘーゲルの『精神現象学』の「奴隷と主人の弁証法」が起源である。ヘーゲルは、奴隷がおこなうことは本来は主人がおこなう事柄だと指摘し、主人とは奴隷なくしては存在しえないものだと、その相互依存的な関係を論じた。人が自身の意識を主体的に獲得し真に主体になるには、主人よりもむしろ奴隷の側に契機があるとし、主体性が確立する場面での奴隷の可能性（主人に対する優越性）を論じた（Hegel, 1807=2018）。

は、外部にある女性規範（ジェンダー）を内面化して、女性としてのアイデンティティを自ら作り上げるからである。つまり、女性として主体になること（主体化）は、女性という規範に従属すること（従属化）でもある。フーコーからバトラーへの議論は、この両義性を指摘するものである。

　バトラーは、ゲオルク・W・H・ヘーゲルの奴隷と主人の弁証法（本章の注（4）を参照）を土台にし、奴隷の特徴はその生産物からの署名の抹消であると指摘する。奴隷が作り出すものは、主人が作り出したものとみなされる。ホームパーティーの事例での、妻の調理による付加価値はこれに相当する。それは代理行為であり、同時に存在様態の譲渡であるともいう（存在そのものの譲渡ではない）。そして奴隷と主人がこの条件と関係性を維持するためには、奴隷が主人の欲望を自身の欲望として置き換えることが必要だと指摘する。それは主人の真の姿を隠蔽すると同時に、「その労働の模倣的地位を覆い隠すことによってのみ、奴隷は能動的で自律的であるように見える」と指摘する（Butler, 1997=2012: 51-52）。

　これは、抑圧関係にある双方が、不平等な結合を維持する秘訣を説明している。抑圧される者は、自身の存在様態と労働を譲渡し抑圧者の代理行為をおこなうことで不等価交換を埋め合わせるのだが、それは屈辱的なことでもある。そのため、双方が現実から目をそらすための仕組みが生まれる。それが模倣である。願望の模倣によって、抑圧され支配される者は、あたかも自律（自立）した存在であるかのように振る舞うことが可能になる。抑圧側には抑圧に対する心理的負担の軽減を、被抑圧側には屈辱感の払拭をそれぞれもたらすのである。

　この議論は、現実に当てはめれば理解するのがそれほど難しいものではない。ホームパーティーの事例では、夫の「歓待したい」という願望を妻が自らの願望として模倣することによって、それは妻自身の願望に置き換えられ、自律的な歓待であるかのように考え、自身を納得させる。あるいは夫や彼氏のアウトドア趣味などを、いつの間にか自らの趣味にしている女性。付き合う男性の服装の好みが、あたかも自分の本来の好みだったかのように感じる女性。それまでは淡白な味付けが好みだったのに、親密な男性の脂っこい味付けをいつの間にか自分の好きな味だと感じるようになる女性。これらはすべて、譲渡と模倣の結果である可能性が高い。女性は男性の願望を自ら模倣することによって、自律的な存在であるかのように振る舞い、自尊心を

守り、自らを欺くのである。

　これらの模倣が、何らかの象徴的行為に媒介された、抑圧者の願望を共有することによる社会的結合である点にも注意が必要である。これは社会学ではシンボルと呼ばれるものである。たとえば、ホームパーティーの事例での歓待という態度、あるいは趣味、服装の好み、そのほかのさまざまな指向性を有する態度や行為がそれにあたる。しかしそれらは、具体的かつ個人的な行為や態度、文化的な指向性などとして経験されるため、当人たちもそれが代理行為や模倣であると気づきにくいのである。

　しかしこれらの代理行為と模倣は、まさにその行為や態度によって女性のありようを変化させている。それは嗜好や思考という人格と深く結び付くものとして現れる領域での変化であり、この意味で女性個人の存在のありように大きく影響する権力作用といえるのである。

3 ┃ 強制された共犯性

抑圧を否定する被抑圧者

　つぎに、強制された共犯性という問題について考えてみたい。あらゆる差別や抑圧には、その抑圧関係を否定する被抑圧者が必ず存在する。それは抑圧側によって慎重に選ばれ、準備された存在である。たとえば「私は女性差別を受けたことがありません」という女性。このような女性は、女性差別を続けたい男性たちにとって、最も都合がいい存在である。自分がおこなって

（5）　社会学の一つの領域として、シンボリック相互作用論というものがある。ここでのシンボルとは、シンボリック相互作用論からそのイメージを借用している。シンボリック相互作用論についてはさまざまな社会学の解説書（学説解説書）に多くの解説があり、より深く知りたい人はハーバート・ブルーマー『シンボリック相互作用論』（Blumer, 1969-1991）を読むと理解が進むだろう。

（6）　このような存在は、さまざまな支配関係の分析で指摘されてきた。たとえば、魯迅が批判した買弁階級、アメリカ合州国（合衆国）の公民権運動家マルコム X が批判したアンクル・トムやハウス・ニグロ、フランツ・ファノンが批判した植民地エリートなどである。

いる差別を否定してくれ、彼女をアリバイに使うことが可能だからである。女性差別を批判する女性に対して「ほら、あの女性を見てごらん。女性差別なんてないって言ってるよ。あなたが差別だと言っているのは、被害者意識にとらわれた被害妄想か、自分の努力不足を棚上げするもの言いだよ」と、差別を告発する声を封じる効果をもたらすからである。

　もちろんこのような言説はごまかし（詭弁）でしかない。ポジショナリティという概念を知れば、このような発言はおかしなアリバイ工作だということに気がつくだろう。特定の女性に被差別経験がないからといって、女性差別自体が存在しないことにはならないからである。特定の女性個人の主観とは関係なく集団単位の利害は存在していて、その女性が被差別経験がないと主張するのは、幸運な偶然によるものか、被差別経験をそうと認識していないだけにすぎない。

　実際のところ、女性のなかには差別されている実感をもたない人もいるだろう。たとえば、モデル・マイノリティという概念がある。マイノリティ（社会的少数者）でありながら、マジョリティ（多数者）でも獲得できないような社会的地位を得たり成功を達成したりした人々である。たとえば、弁護士や医者、企業の重役などにいる、人種的・民族的マイノリティや女性などである。そしてこれらのモデル・マイノリティのなかには、被抑圧経験を否定する人々がしばしばみられる。

　人一倍努力した末に社会的成功を勝ち取ったモデル・マイノリティにとっては、社会は公平なものと感じられるだろう。自分の成功は自身の努力の結果であり、ほかのマイノリティが不平等や差別があることを主張するのは、怠惰さの隠蔽であると感じているかもしれない。しかし、そのような努力をする機会さえ与えられないマイノリティもまた多く存在している。モデル・マイノリティとして成功する人々の多くは、マイノリティ集団内でのエリート層出身であり、ときにはマジョリティ以上に機会に恵まれていた人々である可能性がある。これは、たとえば社会的に成功している女性の多くが、高階層の出身者であることと整合する。

　そして社会のなかの支配的な人々は、必ずマイノリティのごく一部に成功のチャンスを与えている。たとえば、評価が高い高等教育機関への進学機会などである。それが制度的な建前に沿った対応だからである。多くの社会では自由と平等が基本原則になっているため、かつてのナチス・ドイツのよう

に特定の民族の殲滅を標榜するような場合を除き、マイノリティにも成功する余地は残される。そして、並々ならぬ努力を積み重ねた少数のマイノリティがその成功を手にすることになる。さらに重要なことは、たとえ一人でも成功するマイノリティがそのように現れれば、建前は達成される点である。先に「抑圧を否定する被抑圧者」は抑圧者によって慎重に準備されると書いたのは、このような意味である。

　少数の成功者が存在することと、その他多くのマイノリティが差別や抑圧を受けることは、同時に起こる。少数の成功者がいることは集団的な差別や抑圧の存在を否定しない。しかし現実には、そのように抑圧を否定する被抑圧者は、一人でもいれば政治的効果を発揮しうる。「成功している女性もいる」という言葉で女性全体が置かれている状況をごまかすことに利用されるからである。これは、第5章の解説8で紹介した相殺法の活用である。たとえ被差別経験がないという女性が存在しても、あるいは社会的に成功している女性が存在していても、それらが性差別の事実を帳消しにすることはない。逆に、たとえ少数だったとしても、個人的な理由によらない、性差による構造的な不平等や不利益をこうむる女性が存在しているならば、そこには女性差別が存在するのである。

強制された共犯者

　また、抑圧されていることを否定する被抑圧者は、モデル・マイノリティのようなエリート層にだけ存在するわけではない。むしろあらゆる階層、あらゆる抑圧関係の場面に存在する。これらは、いわば「強制された共犯者」といえるものである。それは、生きるため、あるいは自らの生活や自尊心のために、意識的／無意識的に抑圧者の行為を支持したり、価値観に迎合したりする存在である。

　たとえば「妻として母として、夫や子どもに尽くすことができて幸せだ」というようなことを表明する女性もいる。あるいは、「女は弱いから男に守ってもらわなくては」「やっぱり男性に頼るのがいい」「男性に従っていることがうれしい」など。これらの個人的見解がどのようなものだろうと、それを表明するのは個人の自由ではある。しかし、このような見解がどのような意図や経緯によるものであるかにかかわらず、男性たちはこうした見解に接すると、すぐさま責任転嫁をおこなうことができる。女性らしく生きたいと

女性が自ら願っているのだから、そのように扱っているのだ、というわけである。

これは、男性が自らの支配・抑圧行為や態度の責任を女性に転嫁するものである。このような見解をもつ女性の存在を根拠に、女性一般への抑圧的な態度や行為を正当化している。百歩譲って、そのような見解を表明する女性個人に対してそういう対応をするのはいいとして（本当はよくないが）、それを女性全体に拡大適用するのはおかしいだろう。それは、女性一般の願望を勝手に代弁し、独占し、それを女性たちに押し付ける権力行為以外の何ものでもない。そのような男性たちの言い分は、一言で要約すれば「自分は差別などしたくないが、女性たちに懇願されてしぶしぶ差別してあげているんだ」ということになる。いくらなんでもそんなバカなことを女性たちが頼むはずがないだろうし、たとえ頼まれたとしても断る選択もあるのだ。このような男性たちは、女性の要望に従っているのではなく、差別することを能動的・自発的に選択しているのである。どのような意図や経緯によるものであれ、男性の行為や価値観に迎合的な女性の行為や態度は利用され、男性たちによって共犯者として仕立てあげられる。これは、女性が強制された共犯者になっているといえる事態である。

一方で、男性の権力に迎合的になる女性にも、さまざまな要因とパターンが考えられる。それらは時と場合に応じて、あるいは相手に応じてかたちを変え、同じ女性でも複数のパターンが存在・混在しうるだろう。まずは非自発的な場合である。①知識の欠落あるいは情報経路の不足・限定のために男性の価値観を受け入れてしまっている場合が想定される。男性の価値観だけが正しい、というようにミソジニーを内面化してしまっている場合などである。このような場合は、情報を更新することによって意識が変わる可能性がある。つぎに、②抑圧者の権力行使の様態や状況は理解しているが、生きるための選択としてそれを受け入れるような場合もあるだろう。これは、しぶしぶ迎合している状態であり、意志に反して「強制されている」という状況が最も際立つ場合である。

さらに③に、①と②の混合型・移行型がありうる。たとえば、専業主婦であることが女性の理想的な姿だと思っていた専業主婦が、ジェンダー論や女性解放論に接して激しい拒否感を示すことがある。べつに専業主婦をやめろと言われているわけでもないのに、自分とは異なる生き方や価値観を否定し

ようとするのである。ジェンダー規範を内面化し専業主婦としての生活に満足している場合、社会の価値観の変化は、あたかもハシゴを外されたように感じるかもしれない。あるいは、女性解放思想に共感するところがあったとしても、いまさら自らの生き方の軌道修正はできないと感じるかもしれない。これまでの生き方を自ら否定することへの恐怖感もあるだろう。専業主婦として他人からうらやまれる存在だったはずが、いつの間にか男性に隷属する気の毒な存在として蔑まれる対象になることを受け入れられないという気持ちもあるかもしれない。それらが重なって、自らとは異なる思想や生き方を全力で否定したくなることは想像できる。その結果、「私は差別などされていない。楽しく専業主婦として暮らしてきた。私は幸せだ」という主張にたどり着くこともあるだろう。

　さらに、④現状は変えられないという諦めがあり、そうした状況のなかで少しでも快適に過ごすために男性の機嫌をとるような迎合的な言動をする場合もあるだろう。ここで重要なのは、女性の現状が所与の条件として女性自身にも認識されている点である。所与の条件であるかぎり、そうした態度をとることは合理的な選択にもみえる。しかしこのような場合、かなりの確率で葛藤が発生しうる。なぜなら現状への諦めに基づく態度だからである。必ずしも女性自身の現状を肯定的に捉えているわけではなく、諦観のなかでよりマシな自身のありようを模索した結果としての迎合的態度である。この場合、女性の現状が変更可能なものだという情報に接して希望を得ることができれば、態度が大きく変化する可能性がある。

　最後に④と似ているのだが、⑤所与の条件を肯定的なものと捉えてそのなかでより快適に過ごす、あるいは男性の資源を分け前として多く受け取るために、積極的戦略として男性迎合的な言動や価値観を表明する場合もあるだろう。④と⑤の違いは主観的意識の問題であり、その主観のありようは連続していて、紙一重といえる。両者を分けるのは、女性自身が置かれた現状を否定的に捉えるか肯定的に捉えるか、つまり迎合的態度を消極的に支持するか積極的な戦略として選択するかという意識の違いである。所与の条件のなかで、より快適な生のために服従化を自発的に選択し権力を下支えするという点では④も⑤も同様であり、第3章の解説5で紹介した「生‐権力」の一形態であるともいえる。⑤で顕著なのは、その積極的な戦略性である。このような場合、ある意味で男性を資源化して眺めている。その結果、自らの

利益のために、ほかの女性への抑圧を容認することにもなりかねない。

　とはいえ、⑤の場合も含めて、彼女らはすべて強制された共犯者であることに変わりはない。もし彼女らに共犯性があったとしても、主犯である男性と主犯に脅されたりそそのかされたりした従犯である女性を同列に論じることはできない。そしてこれまでみたように、男性たちはこの共犯性を最大限に活用して、自らの責任（主犯性）を曖昧にしようとするのである。そもそも男性による女性への権力支配が存在しなければ、彼女らの迎合も起こりえない。

　この点はポジショナリティの概念を念頭に置くと、さらに明確になる。たとえ⑤のような女性の場合であっても、男性が男性であるだけで受け取ることが可能な利益からは排除されている。だからこそ、男性から分け前を受け取るという発想がうまれる余地が出てくるのである。ポジショナリティについて考えれば、たとえ共犯性があったとしても、彼女らの全員が被抑圧者であることに変わりはない。

　では、抑圧されていることを否定する被抑圧者に対して、たとえば性差別を解消したいという価値判断をおこなった男性はどのように接するべきだろうか。ポジショナリティの問題として、彼女らを批判するのは筋が通らない。彼女らのような存在を生み出しているのは男性自身であるからだ。彼女らには、批判に値するような集団的利益は存在していない。この条件は差別や抑圧を問題化する女性たちと同様である。一方で、男性たちには、抑圧に賛同していようがいまいが、利益を得ているという責任が全員にある。それを、男性対女性の問題（ポジショナリティの問題）に還元して批判することは、単なる責任転嫁以外の何ものでもない。新たな権力行使である。

　では、抑圧を否定する被抑圧者に対して、抑圧を解消したいと願う男性は何もいうべきではなく、その言い分にただ耳を傾けていればいいのかといえば、それも違うだろう。なぜなら差別や抑圧の解消を求める男性にとって、彼女らは個人的な利害関係者にあたるからである。それは彼女らの男性迎合的な言動や、抑圧の存在を否定する個人的な言動が、実際の差別や抑圧の解消を著しく遅らせる政治的効果をもつからである。それは差別や抑圧の解消に向けて取り組むという個人的な価値判断をおこなった男性の行為を妨害するものであるからだ。男性が個人的に選択した差別解消の目標に対して、それを妨害する者としてその女性が立ちはだかるのである。つまり差別解消を

170

求める男性と、抑圧を否定する女性とは、個人的な利害関係にあることになる。ポジショナリティの水準では彼女を批判する余地は存在しないが、個人的な利害関係として、そのような態度をやめるように彼女らに要求することは可能である。もちろんその場合、同時にそのような女性の言動を、男性による差別や抑圧を正当化するものとして利用しようとする男性たちに対しても、真っ先に批判する必要があることはいうまでもない。

この点は女性同士の場合、より明確だ。女性解放を目指す女性たちは、ほかの女性たちとポジショナリティの相違はないため、どのような態度や言動をとるかという個人的な選択の問題として、それを妨げるような行為をおこなう女性たちに対して個人的に責任を追及しうるのである。

4 ポストコロニアルなジェンダー権力

"悪女"もしくは引き裂かれる女性

女性学やフェミニズムでしばしば指摘されてきたこととして、男性たちが女性を認識する際の極端な二分法の問題がある。それは、男性を無条件にやさしく抱擁し慈しむ聖母のような女と、男性を振り回す魔性の女という女性の極端な対比である。天使と悪魔といっていいようなものだが、これらはいずれも男性たちが設定したカテゴリーである。いうまでもなく、この2つのモデルはドメスティック・イデオロギーのなかでの、家庭内の女性と家庭外の女性の理念型（比較のための極端なモデル）にもなっている。

この対比についていえることの一つは、天使も悪魔も人間ではないということである。男性たちは女性を同じ人間としてみていない。これは、ホモソーシャルな意識のありようとも正確に対応する。天使タイプの女性は男性の願望に従う存在であり、悪魔タイプの女性は男性の願望ではコントロールできない存在ということである。

この点は、悪女という言葉を思い浮かべればよりはっきりする。"悪男"と聞いて、その言葉が意味するものをすぐに想像できる人はいないだろう。せいぜい身勝手な女たらしの別名か、あるいはダメオヤジのような存在か。しかしこの2つの表象はまったく異なるものである。要するに、"悪男"に

対する最大公約数的な共通認識は存在していない。一方、悪女の場合は意味するものは明確である。悪女の代表としてしばしば挙げられるのは、たとえばクレオパトラやポンパドゥール夫人（フランス王ルイ15世の公妾）、西太后、北条政子、日野富子、創作上の存在としてはたとえばカルメンなどの面々である。悪女は、具体的に歴史上や創作上の人物が例として挙げられるような存在概念なのである。

　また、悪女概念はホモソーシャルな美醜と無関係であることも重要である。確かに、クレオパトラやポンパドゥール夫人の美貌は有名であり、またカルメンも美女として描かれている。一方で彼女らに共通しているのは、経済的・政治的独立性を維持し、さらには性的自律（自立）性をも獲得している存在だということである。男性によって設定される秩序に従わず、男性がコンロトール不可能な存在が、悪女なのである。それが、男性が女性に付与する「悪」である。悪女とは、そう名付けられた女性の内面を無視した、外形的様態から妄想されたカテゴリーにすぎない。田中貴子が指摘するように、権力者の近くにいるだけで女性は悪女という烙印を押されうる（田中貴子, 1992: 8）。悪女とは男性との関係性に依存する存在概念だからである。[7]

　悪女は男性の頭のなかにだけ存在する。しかしそのようなモデルを設定することで、男性たちは女性にそうあることを強要すべき「良女」の概念が共有可能になる。「良女」という用語をあまりみかけないのは、それが善悪の善（良）に相当するものではなく、男性たちによって「あるべき正常な姿」だと思われているからである。通常の様態に、わざわざそれ以上の価値を与える必要はないということである（男性はセコいのである）。

　悪女と呼ばれることを恐れ、悪女であることから遠ざかろうとする女性は、男性が要求する秩序に従おうとする存在である。しかしそのような選択と行為は、論理的に必ず女性を内面から引き裂く。

　　聞くところによれば生前、マリリン・モンローは身近にいる誰かに絶えず「キミはきれいだ」と言い続けていてもらわないと自分が存在してないような不安感に蝕まれたという。身近にいる誰か、とはむろん男であ

（7）　田中貴子は、〈悪女〉という表象には権力への接近性が必須であり、男性との関係で価値が計られていることを指摘する（田中貴子, 1992: 7）。

る。女は作られる。メスとして作られる。「お嫁に行けなくなりますよ」という恫喝の中で、女は唯一男の目の中、腕の中に〈女らしさ〉をもって存在証明すべく作られる。女の生きがいとは男に向けて尻尾をふっていく中にあるという訳なのだ。この尻尾のふり方の違いが厚化粧から素顔までの、さまざまなメスぶりとなってあらわれるのだが、しかし、所詮他人の目の中に見出そうとする自分とは、〈どこにもいない女〉であって、その〈どこにもいない女〉をあてにして、生ま身の〈ここにいる女〉の生きがいにしようとすれば、不安と焦躁の中で決り裂かれていくは必然なのだ。(田中美津, 2004: 16)

　この文章は、1970年代のウーマン・リブ運動を代表する一人である田中美津が、1972年に書いたものである。田中美津が指摘した女性の状況は、50年以上たった現在でも、基本的に変わっていないと思える。男性たちが設定する女性像をモデルにするかぎり、そのモデルへの適合度は男性が判定することになる。この判定の権力はホモソーシャルな共通了解事項であり、かつ男性たちの一存で変更可能であり、男性が独占している。したがって女性たちは常に男性たちに確認を求めなくてはならなくなる。つまり、承認を求めるための媚びである。

　しかしそのような女性像とは、男性に都合よく設定された"脳内女性"にすぎず、女性たちは男性たちの妄想に付き合わされている。この脳内女性像はいつでも男性たちの一存で変更可能なものであり、そのようないつまでも到達不可能な存在になることを求められた女性が現実の自分自身とのギャップを埋めることは、構造的に、永遠に不可能である。不可能なものを追い求めることを強制され、その未達成分を不等価交換として献身することを求められ、永遠に権力作用のもとに置かれてしまう。虚像と現実の間で引き裂かれる女性の内面は、定義上埋められることはけっしてないのである。

劣等感・無力感から真正性の獲得へ

　第1章でジェンダー領域でのポストコロニアリズムに言及したが、本書で考えてきたように、ジェンダーをめぐる権力作用の多くは、制度的なものから非制度的なものへと変化している。それは、われわれが"こころ"のはたらきや考えなどとして認識する領域を中心に展開されている。つまりそれ

は、一般にマインドと表現される領域である。ジェンダー権力は、マインドにおける権力作用でもある。本書で考えてきたその権力機序は、共通して女性に劣等感（コンプレックス）を植え付けることから始まるものである。自分の意見や感覚、判断など、自身の諸価値が男性に比べて劣っていて、取るに足らないものだという実感をもつことを強いられる。一言でいえばミソジニーの強制的獲得である。その結果、ほかの女性たちを軽蔑し、自分自身をも軽蔑する。

　男性側としては、この段階までくれば「しめたもの」である。男性に憧れて願望を模倣し、言葉に従い、承認を求め、その対価として無償労働力を差し出す存在になるまで、あと一歩だからである。そうなれば、女性の不満や未達成感は男性によってもたらされたものではなく、そのような感情を抱く自分のほうが間違っているのではないかという疑念を常に与えて混乱させることができる。そうやって男性は女性に対して自身の感情や意志に根源的な疑問を抱かせ続けることが可能になる。その結果、女性は男性に対してけっして歯向かわず、女性同士が共闘することも難しくなる。

　女性にこのような劣等感を植え付けるためには、女性を徹底的に絶望させなくてはならない。どれほど現状に不満があり納得していなくても、現状を変える力は自分にはないと思わせる必要がある。あらゆる手段を用いて希望を打ち砕き、どのような状況変更への試みも功を奏しないという確信を女性たちにもたせなければならない。本質主義言説や自然化言説、区分論などはこのような目標のために威力を発揮してきた。

　このような無力感が、ジェンダー権力の基盤にはある。こうした外部からの絶えざるはたらきかけによって獲得させられる無力感は、学習性無力感と呼ばれるものである。これは、度重なる外部からの強いストレスによって無力感が獲得され、情報認知や情緒に混乱をきたす状態を指す概念である。学習性無力感は実験心理学の概念だが、ある程度、社会的関係や集団的関係にも適用可能なものとされている（解説12「学習性無力感（learned helplessness）」を参照）。ジェンダーに関わる領域では、たとえば、DV被害者が、長期間にわたってDVを受け続ける状態の機序を説明する場合などに用いられてきた。DVには必ずサイクルがあり、DVが最も激烈なものになる爆発期をどのようにしても避けられないと悟ったとき、被害者はただじっと無抵抗のまま暴力の嵐が過ぎ去るのを待ち、再び平穏な期間がやってくるま

で耐えることを学習する。DVがこうしたサイクルを繰り返すことで継続することについての分析に、学習性無力感の概念が用いられてきた。

学習性無力感の概念は、ジェンダー権力一般の成立機序を説明するものとしても有効である。女性たちは成育過程のなかで、女性は男性に比べて無力な存在で価値がない存在であると繰り返し学習させられる。家庭内での女性の扱い、学校での同級生とのコミュニケーション、教師による扱いの男女差、メディアから得る情報、ドラマやアニメに描かれる女性像。それらに日常的にさらされるなかで、ミソジニーと無力感を学習させられるのである。意識さえしないままにそうした学習を強制され、それによって存在のありようが無力化されるのだから、これは立派な権力作用である。ジェンダーをめぐるさまざまな権力作用の基盤には、このような無力感と劣等感の強制が存在している。この構造は、ポストコロニアルと呼ばれる関係性に必ず存在するものであり、この点でジェンダー問題はポストコロニアルな問題でもある。

これらの状況を変えるにはどうすればいいのか。論理的には、女性の味わう劣等感と無力感を軽減・消滅させればいいということになる。ただ論理的には簡明でも、現実には一気にすべてを解決することは難しいだろう。そのためにまず必要になるのは、現状に疑問を抱き、理想として押し付けられる女性像と現実の自分自身との間の葛藤を確認し、そのうえで現実の自分自身を肯定することである。しかし多くの女性は、この葛藤を認識する段階で苦しむことになるだろう。葛藤（conflict）は矛盾を意識するために起こるものであり、そこには異なる二つ以上の事柄や価値観の衝突や摩擦があるので、そもそも苦しいものである。加えて、女性はジェンダー規範によって協調・融和などの関係性を重視して生きることを求められるので、葛藤が呼び込む他者（具体的には男性）との衝突を恐れる感情も起こるだろう。葛藤そのものがネガティブで否定的なものとして感じられ、そのような葛藤を押し付けてくる男性に対する怒りよりも、葛藤を感じる自分自身の感性のほうが間違っているのではないかと自分への不信感を強めることもあるかもしれない。

これは真正性の欠如という状態である。真正性（authenticity）とは、自分の感覚や考えが当然で正当なものであるとし、それに基づく選択や行為を肯定的に捉える確信や感覚のことである。真正性は、男性の場合には十分に保持されていることが多いが、女性はミソジニーや劣等感を埋め込まれている

ために、男性に比べて獲得しにくいと論じられている（Miller, 1986=1989）。この真正性の感覚を回復することが、第一歩になるだろう。わかりやすくいえば、自身に価値を見いだし、自分を肯定する感覚を取り戻し、自分を信じることである。実は、ジェンダーに関わる話を聞いて希望を感じたり、怒りを覚えたり、葛藤を抱えたりという反応を示す女性は、希望や怒りや葛藤を感じているという点ですでに自身の力（変更への可能性）を信じている人々である。深い諦めにとらわれている場合、怒りさえわかない。

　怒りをもつことこそが重要である。怒りは激しい消耗をもたらすが、同時に、怒ることは自分自身の真正性を確認することでもある。怒りこそが、それに続く状況変更へのはたらきかけの意志を、継続的に維持する原動力になりうる。ジェンダーの権力を変更し解消するという目標のためには、女性たちは自分たちの状態に怒る必要がある。またそれ以上に男性たちも、自身を不正義の状態に配置している規範や男性たちの欲望に、そして何よりも自分自身の欲望に対して怒る必要がある。

解説12　学習性無力感（learned helplessness）

　第4節で言及した学習性無力感については、犬を使った実験が有名である。柵で区分した部屋の片方に犬を入れて床に電流を流すと、犬は苦しんで逃れようとするが、柵があるため逃げられない。やがて犬は逃げることを諦め、電流が流れても何もせずにじっと床にとどまり電流が止まるのを待つようになる（学習性無力感の獲得）。次に、柵を撤去し再び電流を流すと、数歩移動するだけで逃れられる状況であるにもかかわらず、犬は相変わらず電流が流れる床にじっととどまり続ける。無力感を学習してしまった結果、わずかな選択と行動で状況が変わるという可能性があることさえ理解・想像できなくなっているのである。これは、強いストレスを受け続けたことによる情報認知と情緒に混乱が生じていると分析される。

　ただし、犬を電流が流れていないほうの床に誘導すると、やがて自らの判断で電流が流れていない床に移動するようになるという。学習された無力感は、同様に学習によって克服される可能性をもっているのであ

る。

第7章をより理解するためのブックガイド

　①本章の第1節から第3節までの議論は、**池田緑『ポジショナリティ』勁草書房（2023）**の第10章と第11章で、より多様な文脈から検討をおこなっている。

　②譲渡と模倣についての議論で紹介したジュディス・バトラーやゲオルク・ヴィルヘルム・フリードリヒ・ヘーゲルの議論（ヘーゲル『精神現象学』、バトラー『権力の心的な生』）はやや専門的であるためブックガイドには記載しないが、興味がある人は文献表の情報をみて挑戦してみてほしい。

　③強制された共犯性については、①で挙げた拙著のほかに**鵜飼哲『抵抗への招待』みすず書房（1997）**、**野村浩也『増補改訂版 無意識の植民地主義』松籟社（2019）**などを参照するといいだろう。なお、これらの議論が土台にしているのは、ガヤトリ・スピヴァクというフェミニストの議論である。

　④また、女性が直面する葛藤や真正性については、**ジーン・ベーカー・ミラー『yes, But…』新宿書房（1989）**に詳しい。現在は書店での入手が困難なので、図書館で探してみてほしい。

　⑤学習性無力感については、**ピーターソン／メイヤー／セリグマン『学習性無力感』二瓶社（2000）**に論点が網羅されているが、大著であるためとっつきにくいと感じたら**レノア・ウォーカー『バタードウーマン』金剛出版（1997）**に秀逸な要約が掲載されている。この書籍ではDVの諸相についても、基本的な情報がよく整理されている。

　⑥本章の内容に限らず、ジェンダーの権力全般について考えるうえで示唆に富んでいるのが、**田中美津『いのちの女たちへ』パンドラ（2004、2016に新版）**である。女性学・フェミニズムの必読文献であるだけでなく、さまざまなジェンダーの権力についての洞察が詰まっていて、多くのヒントが得られるだろう。文章も読みやすいのでぜひ一読を勧める。本章では旧版から引用しているが、2016年に新版が出版されている。

　本書では、紙幅の都合から各章の本文の論点に関する書籍しか紹介できな

かったが、ジェンダー論・フェミニズムには、多くの名著、とくに自身の感
覚や世界観そのものを覆すような新たな視点を提供してくれる議論が豊富に
ある。ぜひ自身の関心に従っていろいろな書籍を読み、多様な視点を獲得し
てほしい。

文献表

天野正子・伊藤公雄・伊藤るり・井上輝子・上野千鶴子・江原由美子・大沢真理・加納実紀代編 2009『新編 日本のフェミニズム12 男性学』岩波書店

Anderson, Benedict 1983 *Imagined Communities: Reflections on the Origin and Spread of Nationalism*, Verso,（白石隆・白石さや訳 2007『定本 想像の共同体──ナショナリズムの起源と流行』書籍工房早山）

Beauvoir, Simone de 1949 *Le Deuxieme Sexe*, Gallimard,（『第二の性』を原文で読み直す会訳 2023『決定版 第二の性』〔全3冊〕河出文庫）

Blau, Peter. M. 1964 *Exchange and Power in Social Life*, John Wiley & Sons,（間場寿一・居安正・塩原勉訳 1974『交換と権力──社会過程の弁証法社会学』新曜社）

Blumer, Herbert 1969 *Symbolic Interactionism: Perspective and Method*, Prentice-Hall,（後藤将之訳 1991『シンボリック相互作用論──パースペクティヴと方法』勁草書房）

Bourdieu, Pierre 1998 *La Domination masculine*, Seuil,（坂本さやか・坂本浩也訳 2017『男性支配』藤原書店）

Butler, Judith 1990 *Gender Trouble: Feminism and the Subversion of Identity*, Routledge,（竹村和子訳 1999『ジェンダー・トラブル──フェミニズムとアイデンティティの攪乱』青土社）

Butler, Judith 1997 *The Psychic Life of Power: Theories in Subjection*, Stanford University Press,（佐藤嘉幸・清水知子訳 2012『権力の心的な生──主体化＝服従化に関する諸理論』月曜社）

Connell, Raewyn (Robert). W. 1987 *Gender and Power: Society, the Person and Sexual Politics*, Polity Press,（森重雄・菊地栄治・加藤隆雄・越智康司訳 1993『ジェンダーと権力──セクシュアリティの社会学』三交社）

Connell, Raewyn. W. 1995 *Masculinities, 2nd edition*, Polity Press,（伊藤公雄訳 2022『マスキュリニティーズ──男性性の社会科学』新曜社）

Connell, Raewyn. W. 2002 *Gender (1st Edition)*, Polity Press,（多賀太監訳 2008『ジェンダー学の最前線』世界思想社）

Costa, Giovanna Franca Dalla 1978 *Un lavoro d'amore*, Edizioni delle donne,（伊田久美子訳 1991『愛の労働』インパクト出版会）

江原由美子 1991『ラディカル・フェミニズム再興』勁草書房

江原由美子 2000a『フェミニズムと権力作用 新装版』勁草書房

江原由美子 2000b『フェミニズムのパラドックス──定着による拡散』勁草書房

江原由美子 2002『自己決定権とジェンダー』岩波書店

江原由美子 2020「「男はつらいよ型男性学」の限界と可能性──ポジショナリティ論とグローバリゼーションとの関わりで」『女性学』Vol.27: 10-22

江原由美子 2021a『ジェンダー秩序 新装版』勁草書房

江原由美子 2021b『増補 女性解放という思想』ちくま学芸文庫

江原由美子・金井淑子編 2002『フェミニズムの名著50』平凡社

Fausto-Sterling, Anne 1985 *Myths of Gender: Biological Theories About Women and Men, Revised Edition,* Basic Books,（池上千寿子・根岸悦子訳 1990『ジェンダーの神話——［性差の科学］の偏見とトリック』工作舎）

Firestone, Shulamith 1970 *The Dialectic of Sex: The Case for Feminist Revolution,* William Morrow & Company,（林弘子訳 1972『性の弁証法——女性解放革命の場合』評論社）

Friedan, Betty 1963 *The Feminine Mystique,* W. W. Norton & Company,（三浦冨美子訳 1977『増補 新しい女性の創造』大和書房）

Foucault, Michel 1975 *Surveiller et Punir: Naissance de la Prison,* Gallimard,（田村俶訳 2020『監獄の誕生——監視と処罰〈新装版〉』新潮社）

Foucault, Michel 1976 *L'Histoire de la sexualité,* Ⅰ, *La volonté de savoir,* Gallimard,（渡辺守章訳 1986『性の歴史Ⅰ 知への意志』新潮社）

Haraway, Donna.J. 1991 *Simians, Cyborgs, and Women: The Reinvention of Nature,* Routledge,（高橋さきの訳 2000『猿と女とサイボーグ——自然の再発明』青土社）

Harding, Sandra 2006 *Science and Social Inequality: Feminist and Postcolonial Issues,* The University of Illinois Press,（森永康子訳 2009『科学と社会的不平等——フェミニズム、ポストコロニアリズムからの科学批判』北大路書房）

Hegel, G.W.F. 1807 *Phänomenologie des Geistes,*（熊野純彦訳 2018『精神現象学（上・下）』ちくま学芸文庫）

樋口恵子・上野千鶴子 2020『人生のやめどき——しがらみを捨ててこれからを楽しむ』マガジンハウス

平山亮 2017『介護する息子たち——男性性の死角とケアのジェンダー分析』勁草書房

平山亮・佐藤文香・兼子歩編 2024『男性学基本論文集』勁草書房

池田緑 2003「男性言説をめぐるポリティクス」『社会情報学研究（大妻女子大学紀要—社会情報学系）』12: 17-38

池田緑 2004「"男女共同参画"とその社会的言説——産業社会と寛容さをめぐって」『社会情報学研究（大妻女子大学紀要—社会情報学系）』13: 9-23

池田緑 2016「ポジショナリティ・ポリティクス序説」『法学研究——法律・政治・社会』慶應義塾大学法学研究会、89(2): 317-341

池田緑 2023『ポジショナリティ——射程と社会学的系譜』勁草書房

池田緑 2024a「ポジショナリティの構造と現れ」池田緑編『日本社会とポジショナリティ——沖縄と日本との関係、多文化社会化、ジェンダーの領域からみえるもの』明石書店: 36-77

池田緑 2024b「ポジショナリティ研究の視点と方法——経験的概念という枠組みから」池田緑編『日本社会とポジショナリティ——沖縄と日本との関係、多文化社会化、ジェンダーの領域からみえるもの』明石書店: 444-483

池田緑編 2024『日本社会とポジショナリティ——沖縄と日本との関係、多文化社会化、

ジェンダーの領域からみえるもの』明石書店

伊藤公雄 1996『男性学入門』作品社

伊藤公雄 2002『「できない男」から「できる男」へ』小学館

伊藤公雄 2003『「男女共同参画」が問いかけるもの——現代日本社会とジェンダー・ポリティクス』インパクト出版会

伊藤公雄・樹村みのり・國信潤子 2019『第3版 女性学・男性学——ジェンダー論入門』有斐閣アルマ

駒尺喜美・小西綾 1984『魔女の審判 増補改訂版』不二出版

小山静子 2022『良妻賢母という規範 新装改訂版』勁草書房

Manne, Kate 2018 *Down Girl: The Logic of Misogyny*, Oxford University Press,（小川芳範訳 2019『ひれふせ、女たち——ミソジニーの論理』慶應義塾大学出版会）

Memmi, Albert 1968 *L'homme Dominé*, Gallimard,（白井成雄・菊地昌実訳 1971『差別の構造——性・人種・身分・階級』合同出版）

Memmi, Albert [1982]1994 *Le Racisme*, Gallimard,（菊地昌実・白井成雄訳 1996『人種差別』法政大学出版局）

Mill, John Stuart 1869 *The Subjection of Women*,（大内兵衛・大内節子訳 1957『女性の解放』岩波文庫）

Miller, Jean Baker 1986 *Toward a New Psychology of Women: Second Edition*, Beacon Press,（河野貴代美監訳 1989『yes, But…——フェミニズム心理学をめざして』新宿書房）

Millett, Kate 1970 *Sexual Politics*, Doubleday & Co.,（藤枝澪子・加地永都子・滝沢海南子・横山貞子共訳 1985『性の政治学』ドメス出版）

Mills, Charles. Wright. 1959 *The Sociological Imagination*, Oxford University Press,（伊奈正人・中村好孝訳 2017『社会学的想像力』ちくま学芸文庫）

牟田和恵 1996『戦略としての家族——近代日本の国民国家形成と女性』新曜社

野村浩也 2019『増補改訂版 無意識の植民地主義——日本人の米軍基地と沖縄人』松籟社

野崎昭弘 1976『詭弁論理学』中公新書

小倉千加子 2001『セクシュアリティの心理学』有斐閣選書

小倉千加子 2007『結婚の条件』朝日文庫

岡真理 2000『彼女の「正しい」名前とは何か——第三世界フェミニズムの思想』青土社

大日向雅美 2015『増補 母性愛神話の罠』日本評論社

Peterson, Christopher, Maier, Steven, and Seligman, Martin, 1993 *Learned Helplessness: A Theory for the Age of Personal Control*, Oxford University Press,（津田彰監訳 2000『学習性無力感——パーソナル・コントロールの時代をひらく理論』二瓶社）

Saini, Angela 2017 *Inferior: How Science Got Woman Wrong-and the New Research That's Rewriting the Story*, Beacon Press,（東郷えりか訳 2019『科学の女性差別とたたかう——脳科学から人類の進化史まで』作品社）

Schiebinger, Londa 1999 *Has Feminism Changed Science?*, Harvard University Press,（小川眞里子・東川佐枝美・外山浩明訳 2002『ジェンダーは科学を変える!?——医学・霊長類学から物理学・数学まで』工作舎）

Scott, Joan. W. [1988]2018 *Gender and the Politics of History*, Columbia University Press, （荻野美穂訳 2022『30周年版 ジェンダーと歴史学』平凡社ライブラリー）

Sedgwick, Eve. K. 1985 *Between Men: English Literature and Male Homosocial Desire*, Columbia University Press, （上原早苗・亀澤美由紀訳 2001『男同士の絆──イギリス文学とホモソーシャルな欲望』名古屋大学出版会）

Sedgwick, Eve. K. 1990 *Epistemology of the Closet*, The University of California Press, （外岡尚美訳 2018『クローゼットの認識論──セクシュアリティの20世紀 新装版』青土社）

渋谷知美 2001「「フェミニスト男性研究」の視点と構想──日本の男性学および男性研究批判を中心に」『社会学評論』51(4): 447-463

Stoltenberg, John 1989 *Refusing to Be a Man: Essays on Sex and Justice*, Breitenbush Books, （鈴木淑美訳 2002『男であることを拒否する』勁草書房）

多賀太 2016『男子問題の時代?──錯綜するジェンダーと教育のポリティクス』学文社

多賀太 2019「日本における男性学の成立と展開」『現代思想』47(2): 21-33

高橋哲哉 2015『沖縄の米軍基地──「県外移設」を考える』集英社新書

高橋哲哉 2021『日米安保と沖縄基地論争──〈犠牲のシステム〉を問う』朝日新聞出版

高野麻子 2016『指紋と近代──移動する身体の管理と統治の技法』みすず書房

田間泰子 2001『母性愛という制度──子殺しと中絶のポリティクス』勁草書房

田中美津 2004『いのちの女たちへ──とり乱しウーマン・リブ論（増補新装版）』パンドラ

田中貴子 1992『〈悪女〉論』紀伊国屋書店

上野千鶴子 1995「「オヤジ」になりたくないキミのためのメンズ・リブのすすめ」井上輝子・上野千鶴子・江原由美子編『男性学』岩波書店: 1-33

上野千鶴子 2009『家父長制と資本制──マルクス主義フェミニズムの地平』岩波現代文庫

上野千鶴子 2018『女ぎらい──ニッポンのミソジニー』朝日文庫

上野千鶴子 2020『近代家族の成立と終焉 新版』岩波現代文庫

上野千鶴子編 2001『構築主義とは何か』勁草書房

上野千鶴子編 2005『脱アイデンティティ』勁草書房

鵜飼哲 1997『抵抗への招待』みすず書房

Walker, Lenore. E. 1979 *The Battered Woman*, Harper & Row, （斎藤学監訳・穂積由利子訳 1997『バタードウーマン──虐待される妻たち』金剛出版）

渡辺恒夫 1986『脱男性の時代──アンドロジナスをめざす文明学』勁草書房

Weber, Max 1904 Die „Objektivität" sozialwissenschaftlicher und sozialpolitischer Erkenntnis, （富永裕治・立野保男訳・折原浩補訳 1998『社会科学と社会政策にかかわる認識の「客観性」』岩波文庫）

Wolf, Naomi 1991 *The Beauty Myth: How Images of Beauty Are Used Against Women*, William Morrow, （曽田和子訳 1994『美の陰謀──女たちの見えない敵』ティビーエス・ブリタニカ）

Wollstonecraft, Mary 1792 *A Vindication of the Rights of Woman: with Strictures on Political and Moral Subjects,*（白井堯子訳 1980『女性の権利の擁護──政治および道徳問題の批判をこめて』未來社）

おわりに──みる前に跳べ

　本書はジェンダーをテーマにしているが、権力作用への入門書にもなっている。それは私自身の経験とも関係するアプローチである。私は集団間の権力関係を、とくに沖縄と日本との関係を対象に考えてきた。ところが女子大学に勤務して、いわば偶然のような成り行きでジェンダー論を授業で扱うようになった。そうなってみると、あることに気がついた。学生たちから漏れ聞く彼女らの経験とフェミニズムやジェンダー論の議論で焦点化される問題、それらは沖縄と日本との関係についての議論のなかで、どこかで聞いたことがある話だったのである。

　一面では植民地主義の問題ともいえる沖縄と日本との関係と、性差をめぐるジェンダーの問題とは、当然ながら社会的文脈がまったく異なっている。しかし、異なっているにもかかわらず、そこには共通する権力作用の痕跡があると感じられた。これは、どういうことなのか。そうした気付きからジェンダーの権力作用をコロニアル（とポストコロニアル）な問題として再解釈するという、本書につながる視点がうまれた。それらは、個別の社会的文脈を超えた権力作用の理解という新たな課題へとつながり、第5章で紹介したポジショナリティなどの集団間での権力の分析のなかで、現在も継続的に検討している。

　同時に、男性教員である私が女子大学でジェンダー論を教えることの政治性の問題にも直面した。ジェンダー論の授業は共学の大学でも担当しているが、女子大学でジェンダー論を教えることには特有の問題が存在する。それは教室に男性は教員である私一人で、残りはすべて女性という空間が形成されることである。これは女子大学での授業である以上当然のことなのだが、内容がジェンダーの場合、とくに細心の注意が必要と思われた。本書でも紹介したように、ジェンダー論の基盤にはフェミニズムがあり、さらに女性解放思想が存在している。女性解放やフェミニズムを一人の男性が多数の女性に対して教えるなどということは、大学の授業という制度的空間でなければ何かの悪い冗談のようである。ポジショナリティを無視した行為でもある。

知識を得ることを求める学生たちが目の前に存在し、それに対して知識を伝えるという大学の教育システムを考えれば、男性がジェンダーを講義すること自体に問題はない。しかしそれでも、男性が女性を教え導くという社会全般に存在する男性主導の行為であることから完全に逃れることは難しく、そういったことは女性教員に任せるべき事柄だとも思われたのである。また女子学生に対して、ジェンダーという概念を男性が独占してそれに従わせる（大学には試験と単位認定という制度も備わっている）行為は、結局のところ、男性によるジェンダー論の簒奪につながるのではないか、それと紙一重の行為ではないかという迷いは常に存在してきた。

　それでは、男性が女子大学でジェンダー論を教えることに意義はまったく存在しないのか、あるとしたら男性教員にしかできないことは何かと考えたとき、行き着いたのは男性の権力のありようと男性による女性支配の欲望の機序と手法を、男性として開示するということだった。もちろん、そのような分析はこれまでも女性たちによっておこなわれてきたし、本書の内容もその多くを女性たちの知見の蓄積に負っている。それでも、男性が男性として自らの権力について考えてそれを開示することは重要であり、さらにポジショナリティの問題を念頭に置いたとき、男性がおこなうべきことだと思われた。それは女性に対してだけではなく、男性たちに対しても重要な情報になりうると思われるからである。

　本書で検討した男性権力のメカニズムは、私自身のなかにも存在しているものである。不思議なことに男性たちは、たとえば世界男性会議などを開催して女性たちに内緒で密談したわけでもないのに、女性支配の方法を共有している。女性たちから自身の差別や抑圧に対して批判されたときの受け応え、反論の方法、批判を封殺する手法、ごまかしの論法なども、驚くほど画一的で定型化されている。これは私自身も含めて、多くの男性が相互に相談したわけでもないのに共有している権力的態度である。もちろん、それらを男性の遺伝子に組み込まれた生物学的帰結などと考えるわけにはいかない。それは本質主義であるだけでなく、男性権力を自然化し、その分析を放棄し、女性たちとのコミュニケーションを切断する行為になる。

　つまり男性たちは、配置されている社会的位置（ポジショナリティ）や男性であることの経験の共通性のために、共通した権力的態度を身に付けているということになる。それを可能にして許容する諸条件を検討することが、

ジェンダー論を学ぶ男性の重要な課題と思われるのである。それは共学大学の授業でも重要な論点である。共学大学でジェンダーに関心をもつ（あるいはもたない）男子学生に対しても、重要な情報になるからである。もちろん、それは大学のなかにとどまらず、すべての女性と男性に対して重要なものになりうるだろう。

　ジェンダー論を学んだ学生たちは、当初はその内容に戸惑うこともあるようだが、多くは新たな視点を獲得する知的興奮を経験するようである。これは性別に関係なく起こる変化である。なかには世界の見方がまったく変わったという感想を述べる学生もいる。それまでみえていた世界の諸相が、まったく異なるものにみえるという体験である。ただし、最初の一歩を感動とともに踏み出す人は多いのだが、問題は二歩目であるように思われる。あまりの世界の変わりように戸惑いを感じることも十分にありうることで、一歩を踏み出したあと、周囲の景色の変わりように驚き、再び一歩下がってしまい、「ふりだしに戻る」ことも、また起こりうるのである。

　われわれは概念を通じて世界を知る。ジェンダーを学ぶことは、これまでの慣れ親しんできた世界が、けっして唯一の世界のありようではなく、数多くある世界の解釈の一つにすぎないという事実を突き付ける。ジェンダーを知ることは世界を知る方式そのものの変更であり、自分自身の刷新にほかならない。その「事の重大さ」を前に、尻込みする気持ちもよく理解できる。しかし「はじめに」で書いたように、実際のところ、知ってしまったことを知らないことには戻せないのである。

　女性たちが社会（公的領域）に進出するようになったといわれる。それは、過去の女性たちが妄想した結果である。妄想とは、現在の自分の状況からは想像できないような自分のありようを考えることである。現在は若い女性の約半数が大学で学び、たとえば医師や弁護士という職業に就く女性も増えている。しかし50年前には、大学で学ぶ女性は15％以下であった。さらにさかのぼれば、女性が大学で学んだり医師になったり弁護士になったりなどという希望は、非現実的で身の程知らず、世間知らずとして鼻で笑われる状況もあったのである。それらの希望は、ごく一部の恵まれた女性だけに許され、多くの女性たちには実現可能性が低い無謀な妄想だったかもしれない。

しかし過去の女性たちは、無謀で非現実的だと思えても挑戦を続けてきた。目の前に崖があっても、その先にいまいる場所からは見えない透明な橋があるかもしれないと信じ、ジャンプを続けてきたのである。なかには崖から落ちてしまった人もいるだろう。しかしそれでも、女性たちは跳ぶことをやめなかった。妄想しつづけたのである。その結果として、女性たちは自分がなしうることの範囲と可能性を拡げてきた。その結果、現在の女性の社会進出と、女性たちの生活がある。

　真に重要なのは、二歩目である。これは性別に関わりなく重要なことである。最初の一歩は比較的容易であるのに対して、二歩目は本当に難しい。二歩目を踏み出すには一歩目の変化と戸惑いを確信に変えることが必要であり、一歩目以上の"妄想力"が必要になる。女性であれ男性であれ、自分と世界のつながり方とこれまでの自分を刷新し、新たな自分を妄想することが必要になる。それは少しばかり勇気がいることだろう。その妄想と跳躍に対して、ジェンダー論の知見はリアリティを与え、跳躍への"踏み切り台"になりうる。

　本書も、そのような二歩目に対する踏み切り台の一つになることを目指して書いた。論点を絞ったために扱った論点はそれほど多くないが、今後ジェンダー論のさまざまな領域に挑戦する際に多くの人が判断に迷い、戸惑うようないわば"急所"になりうる論点について、確固とした視点をもって臨むために必要な考え方を集中的に論じることを目標にした。本書で紹介した考え方や視点を活用して、ジェンダーに関わる領域に対して冷静な知性をもって取り組み、世界と価値の豊穣さを感得することを願っている。

　本書で紹介した議論は、半期のジェンダー論の授業で扱っている内容のほぼ半分に相当する。紙幅の都合もあり、本書で採りあげる候補になりながら残念なことに採用できなかった論点としては、たとえばジェンダーに対するリスクの感覚や男女共同参画社会をめぐる諸問題、女性の軍事参加、女子教育の社会的機能、言語やメディアに現れるジェンダー、性差によって獲得させられた態度や身体技法や文化的感覚の問題（ハビトゥスとジェンダー）、そしてセクシュアリティを加味したジェンダーの分析視点などがある。とくに性別という概念をめぐる社会構築主義や言語構築主義と呼ばれる近年の学問的潮流については、重要さを認識しながらも、その前提になる議論の専門性

のため、入門書である本書では紹介を諦めざるをえなかった。また本書で紹介したジェンダー論の各論的細部にも、紙幅の都合と議論の筋を簡明にするため省略した部分が多い。いずれかの機会があれば紹介したいと考えている。

　ジェンダーをめぐる権力作用を中心にした入門書という方針で書いたため、本書の議論は異性愛と男女2つの性別区分を前提にするものがほとんどであった。異性愛を基盤にした男性と女性との間の権力作用というところが、本書の議論の土俵である。しかしジェンダーをめぐる権力作用はもちろんそれだけではなく、性の多様性をめぐる議論でもそのカテゴリーの設定や解釈をめぐって権力作用が存在している。むしろ本書で論じたような権力のありようの諸論点は、これらの領域でこそ本領を発揮するといえるだろう。「はじめに」でも書いたように、これらはジェンダーの権力作用の論点としては中級篇といえるもので、入門書という本書の性格から涙をのんでバッサリとカットした部分である。これらの領域については専門的な議論も多く出版されているので、本書で紹介できなかった論点とともに、ぜひさまざまな領域の議論にふれて理解を深めてもらいたいと思う。その際に、本書で得た視点が多少は役に立つと思われる。

　本書の内容は、これまでジェンダー論の授業を担当するなかで出会った学生たちとのコミュニケーションから、大きな示唆を受けている。とくに若い女性たちの意識や直面する状況について、これまで私のジェンダー論の授業を受講していた大妻女子大学の学生たちから教えてもらったことの大きさは計り知れない。また同様に若い女性たち、そして若い男性たちの感覚や意識について、二松學舍大学と慶應義塾大学で私の授業を履修していた学生たちからも多くの示唆を受け取っている。授業が終わり卒業してしまうとなかなかお礼を伝える機会がなかったが、この場を借りてあらためて感謝したい。

　かつての同僚だった大出春江さんには、本書の出版にあたっていくつもの重要かつ実践的なアドバイスをいただき、また出版社との仲介の労をとっていただいた。定松文さんにも本書の性格や方針を決めるにあたって貴重な助言をいただいた。お二人のアドバイスによってどのような入門書にするかの方向性を明確に考えることができ、大変感謝している。江原由美子さんと高橋哲哉さんにも、出版にあたって相談にのっていただき大変お世話になっ

た。

　最後に、青弓社の矢野未知生さんには、本書の出版を引き受けていただいただけでなく、本書の意図を実現するために細部にいたるまでさまざまなご提案をいただいた。青弓社編集部の方々にも、私の雑然とした原稿を読みやすくするために多くのアドバイスをいただいた。みなさんのご尽力なくしては、本書が世に出ることはなかった。深く感謝したい。

［著者略歴］
池田 緑（いけだ みどり）
大妻女子大学社会情報学部准教授
慶應義塾大学大学院社会学研究科後期博士課程単位取得退学
専攻は社会学、ポジショナリティ研究、ジェンダー研究、コロニアリズム
（ポストコロニアリズム）研究
著書に『ポジショナリティ──射程と社会学的系譜』（勁草書房）、編著
に『日本社会とポジショナリティ──沖縄と日本との関係、多文化社会
化、ジェンダーの領域からみえるもの』（明石書店）など

ジェンダーの考え方
権力とポジショナリティから考える入門書

発行 ──────── 2024年12月26日　第1刷

定価 ──────── 2400円＋税

著者 ──────── 池田 緑

発行者 ──────── 矢野未知生

発行所 ──────── 株式会社青弓社
　　　　　　　　〒162-0801 東京都新宿区山吹町337
　　　　　　　　電話 03-3268-0381（代）
　　　　　　　　https://www.seikyusha.co.jp

印刷所 ──────── 三松堂

製本所 ──────── 三松堂

ⓒMidori Ikeda, 2024
ISBN978-4-7872-3549-7　C0036

青弓社の既刊本

荒木菜穂
分断されないフェミニズム
ほどほどに、誰かとつながり、生き延びる

非婚/未婚/既婚、正規労働/非正規労働、性差別的な売春か/セックスワークか、女性の保護か/男女平等か──。差別に抗いながらもともに声を上げられない現実を、権力構造によるジェンダー分断、考え方や生き方、個人の関係性などの視点から読み解く。　　　定価2400円+税

杉浦郁子/前川直哉
「地方」と性的マイノリティ
東北6県のインタビューから

「進んでいる東京/遅れている地方」は本当なのだろうか。いままでのセクシュアリティ研究で見過ごされてきた「地方」の実態を、当事者・団体スタッフたちの豊富な語りから考察し、性的マイノリティをめぐる政治と地域性についての新たな見取り図を提示する。　　　定価2000円+税

高井ゆと里/周司あきら
トランスジェンダー Q&A
素朴な疑問が浮かんだら

「性別を生きる」って、どういうこと？　トランスジェンダーについての基礎的な情報、性別分けスペースのこと、「トランス差別はいけないけれど気になる」疑問など、大きなクエスチョン21個、そこから派生するクエスチョン65個の問いと答えをまとめる。　　　定価1800円+税

齋藤早苗
男性育休の困難
取得を阻む「職場の雰囲気」

なぜ仕事を優先することが正当化され、男性育休は職場の逸脱と見なされるのか。長時間労働の経験をもつ社員にインタビューし、仕事と私生活をめぐる時間意識の観点から「職場の雰囲気」を可視化して、男性の育休取得を困難にしている職場のあり方を照射する。　　　定価2000円+税

河合優子
日本の人種主義
トランスナショナルな視点からの入門書

欧米と日本の人種主義の歴史的・社会的な背景、基本的な知識を押さえたうえで、差別、偏見とステレオタイプ、アイデンティティなどの視点から、私たちの日常的な意識や振る舞いに潜む人種主義を浮き彫りにする。日本の人種主義を考える視点を提供する入門書。　　　定価1800円+税